Loi n° 49956 du 16 juillet 1949
sur les publications destinées à la jeunesse
ISBN 978-2-09-252083-3

Le Fils du Maître d'Armes

Tome 1

LA BELLE IRLANDAISE

Francisco Arcis

Illustrations de Buster Bone

Nathan

CHAPITRE 1

Venise, 1725

– Antonio ! Giovanni ! Mirko ! Où êtes-vous, brigands ? Écoutez-moi, je suis amoureux !

La *piazza*[1] San Marco semblait trop étroite pour contenir la joie exubérante d'Angelo. Le jeune homme bondissait en la traversant, allant de groupe en groupe y déposer une part de son

1. « Place », en italien. La piazza San Marco (plus connue en français sous le nom de « place Saint-Marc ») est la seule place de Venise, les autres sont appelées *campo*.

bonheur communicatif. Baignée par le soleil de mai, la place s'animait peu à peu. Depuis tôt le matin, les marchands de tissus avaient découvert leurs étals. De leurs coffres en bois, ils tiraient les rouleaux d'étoffes, qui attiraient déjà les premiers acheteurs. Ils dépliaient des parasols colorés sur lesquels ils accrochaient une tenture, afin de les préserver du soleil qui s'annonçait brûlant.

Emporté par son élan, Angelo bouscula un groupe de promeneurs, composé de deux gentilshommes et de trois dames. L'un des hommes, vêtu d'une cape bleu ciel, faillit en perdre son chapeau. Il pivota, son visage cramoisi de colère dirigé vers le garçon, qui se retournait en souriant.

– Mille excuses, mon beau seigneur.

Puis il le gratifia d'une révérence grotesque, avec un geste digne de la commedia dell'arte.

Le gentilhomme ne goûta pas la plaisanterie et s'avança, la main posée sur le pommeau de son épée, prêt à faire ravaler l'injure à l'impudent.

– Je vous le répète, noble seigneur, je suis désolé. Toutefois, je ne crois pas que le désagrément soit à ce point important qu'il nécessite que vous me passiez par le fil de votre épée.

Le deuxième gentilhomme, drapé dans un long manteau brun, s'amusait de la scène et de l'insolence du garçon. Il posa la main sur le bras de son compagnon.

– Allons, marquis, ce n'est qu'un enfant. Gardez vos forces pour des causes plus nobles. Et toi, jeune promeneur, qui es-tu ?

– Angelo Dallacasagrande, pour vous servir. Je suis le fils de Giacomo, maître d'armes, et de Renata, son épouse devant Dieu, qui a eu le mauvais goût de la rappeler à lui il y a longtemps déjà.

– Et peut-on savoir ce qui te rend si joyeux, mon ami ?

– Vous parliez de nobles causes, eh bien, je suis heureux à cause de la plus noble d'entre elles : l'amour.

Puis il renouvela sa révérence de théâtre, et souffla un baiser à l'intention des dames, qui le cueillirent en riant. Le geste provoqua un nouvel accès de fureur chez le marquis, mais Angelo avait déjà bondi en direction du campanile, escorté par les regards enjoués des élégantes femmes.

Le marquis ajusta son chapeau, puis abandonna à regret son attitude belliqueuse. Il était bien plus jeune que son compagnon, le visage poudré sous une perruque blanche. Il avait l'arrogance de ceux qui n'ont eu que la peine de bien naître et se jugent pour cela supérieurs au reste du monde.

L'autre gentilhomme pouvait avoir le double de l'âge du marquis. Lui aussi arborait une perruque, mais on comprenait d'un seul regard qu'il ne la portait que par pure convention. On devinait chez lui de la sagesse et une certaine tolérance.

– Comte, vous auriez dû me laisser corriger ce faquin ! lança le marquis avec animosité.

– Voyons, Grimani, c'est le carnaval[1], les jeunes gens sont audacieux, cela n'est pas bien

1. Le carnaval de Venise est une fête traditionnelle italienne remontant au Moyen Âge. Au XVIIIe siècle, il durait de février à mai, jusqu'à l'Ascension.

grave. Allons retrouver ces dames, qui s'ennuient sans doute de vos emportements.

Au pied de l'imposant campanile, les argentiers ouvraient leurs boutiques. Déjà, des couples venaient découvrir les délicates pièces en cristal de Murano, ornées de fin métal.

Angelo cherchait toujours ses amis, mais ils ne se trouvaient pas parmi les curieux. Amusé, il observa un instant le manège d'un tout jeune enfant. Celui-ci suivait en marchant les étranges dessins du pavage. Deux ans auparavant, les travaux de carrelage avaient perturbé la vie de la cité, et les promeneurs semblaient goûter un plaisir particulier à fouler à nouveau la place.

Les pas d'Angelo conduisirent celui-ci, toujours euphorique, sous les arches du palais ducal, où une foule de badauds était rassemblée autour d'un moine. Debout sur une estrade, il prêchait en haranguant son public, sur le thème de l'Ascension, qui était proche.

Parmi les spectateurs, plusieurs étaient absorbés par le discours du moine. Angelo parcourut du regard les membres de l'assistance, même s'il savait déjà qu'il n'y verrait pas ses amis. Ils étaient, comme lui, bien plus enclins à railler les serviteurs de Dieu qu'à écouter leurs sermons.

Il délaissa bien vite l'attroupement, pour se lancer à l'assaut des quais. Puis il observa un instant le mouvement incessant des embarcations à l'entrée du Grand Canal. Les barques, munies de toiles colorées, étaient les plus nombreuses ; venaient ensuite les gondoles, avec à leur bord quelques riches passagers ; des voiliers également s'approchaient de Venise, ceux-là accostaient un peu au large du quai du palais ducal.

Le soleil encore jeune donnait une teinte jaune aux quais, que reflétaient les losanges du palais. Angelo enfila en courant la *riva*[1] degli Schiavoni. En traversant le pont sur le *rio*[2] del Palazzo, il eut à peine un regard pour le pont des Soupirs, par lequel, savait-il, les détenus rejoignaient la

1. « Quai », en italien.
2. « Rivière », en italien.

prison des Plombs, après avoir été jugés dans le palais des Doges[1]. Il n'était pas rare d'entendre leurs gémissements, car il était connu que celui qui traversait ce pont ne le faisait qu'une fois.

Mais Angelo avait le cœur léger, et l'esprit ailleurs. Si ses amis ne flânaient pas aux alentours de la piazza San Marco, peut-être étaient-ils tout simplement employés à aider leurs pères dans leurs différents offices.

Sa première visite fut pour Giovanni. Il habitait près du *campo*[2] San Vitale, dans l'un des immeubles entourant la cour des tailleurs de marbre. C'était en effet la profession de son père, et souvent son fils restait auprès de lui, plus pour le regarder que pour l'aider vraiment. Car Giovanni préférait la compagnie de ses amis à celle du travail, et il trouvait toujours une

---

1. Les doges étaient les premiers magistrats des anciennes républiques de Venise et de Gênes. Le premier titre de doge fut d'abord, au IXe siècle, *dux Veneciarum* (chef des Vénitiens), d'où le nom du palais ducal (*dux* signifiant duc en latin).

2. Désigne une petite place en italien.

raison de s'éloigner du voisinage des pierres à tailler.

Lorsque Angelo eut dépassé le *palazzo*[1] Cavalli, il atteignit l'atelier des marbres, installé à ciel ouvert. Sur le sol en terre battue, d'énormes blocs de pierre blanche étaient alignés, prêts à être travaillés par ces hommes au savoir-faire séculier. En arrivant, Angelo rencontra la mère de Giovanni. Celle-ci était occupée à remettre sur ses pieds le petit frère de son ami, Pietro, tandis que sa sœur Laura, à peine plus âgée, assise sur une pierre blanche et carrée, jouait avec une poupée de chiffon.

Maria Sammali n'aperçut Angelo qu'au dernier moment et sursauta en le voyant si près d'elle.

– Angelo ! Quelle frousse, démon ! Tu veux me faire mourir ?

Puis elle éclata d'un rire enjoué. Angelo avait toujours été son préféré parmi les amis de son

1. « Palais », en italien, au sens de grande maison de maître.

fils. Elle trouvait qu'il avait de bonnes manières, car il faut avouer qu'Angelo n'était pas avare de compliments.

– Madame Sammali, bon sang, mais je ne vous avais pas reconnue. Le diable m'en soit témoin, je pensais que vous étiez la jeune nourrice de ces deux enfants, et, ne m'en veuillez pas, mais j'étais tout près de vous conter fleurette.

Le rire de la femme redoubla. Elle embrassa le jeune homme et l'ébouriffa d'un geste vif.

– Si tu cherches mon bon à rien de fils, je ne sais pas où il est. Son père a bien essayé de le garder près de lui, mais je crois qu'il lui a déjà échappé. Va lui demander, il est juste par là.

– Merci, madame Sammali, je vais le saluer.

Angelo caressa en passant les cheveux de Pietro et de Laura, puis s'approcha du quai. En face, de l'autre côté du canal, se dressaient fièrement l'église et la *scuola*[1] della Carità.

1. « École », en italien. En fait, il s'agit du siège d'institutions caritatives laïques.

Le jeune homme connaissait bien Giovanni Sammali père. C'était un grand ami de son propre père, Giacomo Dallacasagrande. C'est ainsi qu'Angelo s'était lié avec son fils aîné, d'un an son cadet. Celui-ci, selon la tradition familiale, portait le nom du père, et était censé embrasser sa profession. Mais même avec la meilleure volonté, Giovanni le fils n'y pouvait rien : il ne parvenait pas à s'astreindre au travail laborieux et difficile du tailleur de pierre.

– Monsieur Sammali, cria Angelo pour couvrir le bruit des burins, comment allez-vous ?

Les manches de sa chemise blanche remontées, un court gilet brun sur les épaules, le tailleur était agenouillé devant un long bloc rectangulaire. Il se redressa, et comme chaque fois, sembla-t-il à Angelo, il avait un peu plus de peine que lors de ses précédentes visites.

– Salut, Angelo. Mon dos me fait encore souffrir, mais que veux-tu, il faut bien vivre, non ?

– Mon père dit toujours que les douleurs de dos sont dues au temps.

– Au temps ? Tu as vu ce soleil ? Je suppose que ton père veut parler du temps qui passe ! Comment va ce vieux Giacomo ? Tu parles de temps, mais je n'ai même plus celui d'aller le saluer.

– Ce matin, quand je l'ai quitté, il houspillait je ne sais quel gentilhomme pour sa tenue du fleuret.

– Alors, c'est qu'il va bien. Si tu cherches Gino, il est parti depuis une heure, en me disant qu'il serait de retour dans cinq minutes.

– Il ne vous a pas dit où il allait ?

– Pas vraiment. Tout ce que je sais, c'est qu'il voulait rendre une petite visite à Antonio. Il paraît qu'il a posé sa drôle de boîte sur le campo Santi Giovanni e Paolo. Je crois qu'il veut peindre la scuola San Marco. Si tu veux les voir, c'est là-bas que tu dois aller, mon garçon.

– Merci beaucoup, monsieur Sammali. J'y vais de ce pas.

– Et si tu tombes sur mon fils, dis-lui que le travail n'est pas terminé !

Angelo sourit, car il savait bien que ce genre de message n'avait que peu de chance de toucher le jeune Giovanni.

Il reprit son chemin, en direction de la scuola San Marco. Si Antonio s'y trouvait, il pouvait espérer y rencontrer également ses autres amis.

Antonio Canal était le plus âgé d'entre eux. Il avait près de vingt-huit ans, et commençait à se façonner une sérieuse renommée de peintre. Ses premières armes, il les avait forgées auprès de son père, Bernardo Canal. Celui-ci était d'ailleurs plus scénographe que peintre. Le jeune Antonio l'avait aidé à réaliser les décors de certains opéras et, quelques années auparavant, il l'avait même accompagné à Rome pour y parfaire sa technique.

C'est en revenant de ce voyage au cœur de la cité divine qu'il prit la décision de se consacrer à la peinture et d'abandonner le théâtre. Son ambition était de réaliser des *vedute*, des vues de la ville, aussi fidèles que possible. Pour cela, il avait inventé un procédé révolutionnaire : un appareil qu'il nommait sa « chambre noire ». C'était en effet une « drôle de boîte », dans laquelle les rayons lumineux pénétraient, par un objectif, dans une chambre aux parois peintes en noir. Les rayons étaient ensuite réfléchis par un miroir placé à quarante-cinq degrés sur une plaque en verre. Antonio, que le monde entier connaîtrait plus tard sous le nom de Canaletto, posait alors une feuille de papier calque sur le verre et pouvait ainsi dessiner l'image réfléchie, qui serait la première esquisse de ses tableaux.

Angelo traversa les ruelles animées, où quelques noctambules attardés, encore en costume, n'avaient pas vu arriver le jour. D'ordinaire, c'était à la tombée de la nuit, en cette fin de carnaval, que des ombres en habit se glissaient dans les chambres des coquettes, protégés par l'anonymat de leurs masques.

L'Ascension n'était pas loin, et la ville, un peu fatiguée de ces débordements, attendait la fête finale, celle où le doge allait célébrer les noces de la ville de Venise et de la mer.

Angelo traversa en hâte le pont sur le rio dei Mendicanti et se retrouva devant la majestueuse scuola San Marco. Il avait toujours été fasciné par la somptueuse façade de l'édifice, avec ses arcades en trompe-l'œil et les lions de saint Marc de part et d'autre de l'entrée principale.

Sur cet étroit « canal des Mendiants », une longue barque, aux voilures repliées, manœuvrait pour se glisser sous le pont. Un homme, debout, criait des ordres, qu'exécutaient tant bien que mal deux jeunes garçons, armés de longues gaffes. Derrière la barque patientaient deux gondoles, l'une d'elles fermée, abritant sans doute quelque jeune beauté qui rejoignait son palais.

Le soleil chauffait la place en terre, zébrée par les bandes de dalles qui reliaient les bâtiments les uns aux autres. Une odeur de rosée évaporée s'élevait du sol et se mêlait aux effluves piquants de l'eau qui créaient ainsi le parfum de Venise au petit matin.

Angelo avait à peine dépassé la statue équestre du condottiere Colleoni qu'il aperçut le jeune peintre.

CHAPITRE 2

Antonio se trouvait sur le balcon d'un immeuble, au premier étage. Il avait posé sa chambre noire sur la balustrade et était concentré sur son travail. Les cheveux reliés sur la nuque par un catogan, il portait une longue veste d'un rouge passé. Angelo l'aurait reconnu entre mille. Il se posta au centre de la place, à l'endroit que semblait viser l'objectif de la drôle de boîte, puis agita le bras dans sa direction.

– Antonio, mon ami ! C'est moi, Angelo ! Tu me vois ?

– Je me demande bien comment je pourrais ne pas te voir ! répondit Antonio en levant le nez de son appareil. Tu gesticules juste au centre de mon image !

– Laisse-moi te rejoindre, je dois te parler. Je suis amoureux !

Le peintre esquissa un geste d'agacement, puis secoua la tête en signe de désapprobation.

– Amoureux, quelle idée ! Tu n'as donc rien de plus sérieux à faire de ta vie que de tomber amoureux ?

– Laisse-moi te rejoindre, répéta Angelo, qui avait eu plus d'une fois ce genre de conversation avec son trop sage compagnon.

– Non, c'est moi qui descends. On me tolère tout juste sur ce balcon. Je ne crois pas qu'il soit bienvenu d'y accueillir de jeunes écervelés tels que toi !

Antonio replia le calque qu'il avait déroulé sur le verre dépoli de son instrument, puis le posa contre d'autres feuilles appuyées aux balustres. Il disparut ensuite par la porte du balcon.

Quelques secondes plus tard, il passait l'angle de la place en longeant le canal. Comme la plupart des constructions vénitiennes, l'immeuble avait deux entrées, l'une donnant sur l'eau, l'autre sur les rues.

Angelo regarda son ami approcher. Le front large, les lèvres fines, le peintre avait en permanence les yeux écarquillés, perdus au loin vers on ne savait quelle ligne de fuite. À presque vingt-huit ans, il n'était pas marié, et on ne lui connaissait pas d'autre passion que la peinture. Il vivait encore dans la maison familiale, auprès de son père, Bernardo, de sa mère, Artemisia, de son frère et de ses trois sœurs.

Les deux jeunes hommes se donnèrent une franche accolade. Il était rare qu'ils restent plus d'une semaine sans se voir, mais à chaque rencontre, ils étaient heureux de se retrouver, comme s'ils s'étaient quittés un an plus tôt.

– Antonio, mon cher ami, comment vas-tu ?

– Comme tu vois, je travaille, dit le peintre en montrant le balcon de la main.

– Si tôt ? Tu es donc à ce point insatiable ?

Antonio promena un regard panoramique sur la place, embrassant le pont Cavallo, la scuola San Marco, l'église, la statue équestre, avant de répondre :

– C'est à cette heure-ci que la luminosité est la meilleure. Regarde l'ombre que forme la façade de l'église sur l'école. Tu comprends, je ne voudrais pas que cette ombre soit un voile étalé sur la couleur, mais je voudrais que la couleur elle-même devienne ombre ou lumière.

Angelo sourit devant la passion dévorante de son ami. Chaque fois qu'il avait un tableau en cours, le peintre était intarissable sur la technique, les jeux de lumière, la perspective, les points de fuite. C'était un véritable bonheur de l'entendre exposer ses projets, il en oubliait jusqu'au reste du monde.

– Et ce balcon ? demanda Angelo.

– Oh, le balcon… Eh bien, c'est pour l'angle de vue, vois-tu ? Mon idée est d'utiliser le raccourci perspectif de l'église et l'ouverture du canal, comme ceci…

Antonio s'animait, montrant les scènes en les encadrant à l'aide de ses deux mains formant un en rectangle.

– Non, dit Angelo en riant, je voulais seulement savoir à qui appartient ce balcon sur lequel tu es tout juste toléré.

Le peintre hésita un instant, semblant revenir à la réalité.

– C'est… c'est à une amie de Mr Smith.

– Mr Smith ?

– Mais oui, je t'ai déjà parlé de lui. C'est un Anglais, grand marchand de tableaux et commerçant. Il vit à Venise depuis vingt-cinq ans, et depuis quelques années, il a même son propre palais sur le Grand Canal. Il s'intéresse à ma peinture, et parle de me passer des commandes, pour des acheteurs anglais, et aussi pour sa collection privée. C'est un homme bon, il me fait confiance.

– Et son amie ?

Antonio eut un regard pour le balcon, et sembla gêné.

– Je ne sais pas grand-chose d'elle. Lorsque j'ai parlé à Mr Smith de mon projet de tableau et de mon besoin de trouver un point de vue élevé, il m'a dit qu'il connaissait une dame qui pourrait sans doute me prêter son balcon, pour le temps de mes esquisses.

– Est-elle donc si belle que tu doives rougir autant en me parlant d'elle ?

– Elle est belle, sans doute, mais, vois-tu, je viens ici déjà depuis trois jours, et, comment dire... Chaque matin, c'est un homme différent que je croise dans l'escalier. Et plusieurs autres lui rendent visite durant les journées. J'ai pour consigne de me faire le plus discret possible, et surtout, de ne pas pénétrer dans l'appartement de manière impromptue.

– Tu veux dire : c'est une courtisane ?

– Sans aucun doute, mon jeune ami, sans aucun doute.

– Je comprends ton embarras, dit Angelo en

riant, tu dois avoir les sens écartelés : regarder la place ou égarer un œil à travers la tenture ? Écouter les cris des gondoliers ou cueillir un langoureux soupir ?

– Tais-toi donc, jeune frivole ! Cela m'est bien égal, ce qui se passe dans mon dos. Je ne voudrais pas qu'on me reconnaisse, et qu'on s'imagine des choses…

– Que ta réputation, à peine naissante, soit déjà ternie.

– Allons, Angelo, laissons là ces considérations. Que puis-je pour toi ?

– As-tu aperçu Giovanni ? Son père m'a dit qu'il s'était rendu ici.

– Je ne l'ai pas vu. Je travaille depuis le lever du jour, et je peux t'assurer qu'il n'a pas mis les pieds sur cette place.

– Et Mirko, as-tu une idée de l'endroit où il se trouve ?

– J'étais avec lui hier soir. Nous avons traîné un bon moment sur les quais, pour finir à la *Ca' del Dose*, où nous avons vidé quelques verres.

Je suppose qu'il a dû partir pêcher avec son père, tu sais qu'en ce moment il ne le ménage guère.

– Tu as raison, pauvre Mirko…

Les deux amis restèrent silencieux à l'évocation du nom de leur compère. Mirko Pellegrini avait perdu sa mère le mois dernier, alors qu'elle mettait au monde son huitième enfant. Andrea Pellegrini, le père, ne se remettait pas de ce drame, et il s'abrutissait de travail, afin d'essayer d'oublier, mais aussi pour nourrir sa famille. La petite fille était morte dans le ventre de sa mère. Ils avaient eu sept garçons, qui devaient à présent se débrouiller seuls, les plus âgés s'occupant des plus jeunes. Andrea exigeait de son fils aîné, Mirko, qu'il l'accompagne en mer, et lorsque le jeune homme, exaspéré par cette vie de labeur épuisant, s'enfuyait, c'est à coups de corde à filets que son père le corrigeait.

– Tiens, dit enfin Antonio, tu parlais de Giovanni ? Le voilà qui arrive.

Longeant le flanc de l'église, à l'ombre de la statue du Condottiere, un jeune homme au visage rieur, grand, maigre, approchait. Son sourire s'élargit lorsqu'il reconnut les deux amis, qui le regardaient venir droit sur eux.

– Le diable me damne ! lança Giovanni en arrivant à leur hauteur. Je ne m'attendais pas à trouver ici, de si bon matin, les deux plus grands vaunéants[1] de Venise !

– Parle pour toi, répondit Antonio en l'embrassant. Sans doute dormiez-vous encore tous les deux que j'étais déjà à mon ouvrage. Mais au fait, c'est vrai ! Je sais bien que toi, Gino, ton père te lève aux aurores pour tailler le marbre avec lui, mais toi, Angelo, je ne te connaissais pas si matinal.

– En réalité, dit Angelo, je n'ai pas dormi.

– Tu n'as pas dormi ? *Porca miseria !*[2] dit Antonio en se prenant la tête. On voit bien que j'ai presque dix ans de plus que toi. S'il m'arrive

---

1. Vauriens.

2. Expression typiquement italienne, qu'on pourrait traduire par « Quelle misère ! », ou « Bon sang ! », ou encore « Nom d'un chien ! », selon le contexte.

de ne pas dormir une nuit entière, j'en ai pour une semaine à m'en remettre ! Mais maintenant que tu le dis, je te trouve en effet l'œil gonflé et le cheveu indompté.

– Et peut-on savoir, poursuivit Giovanni, ce qui t'a tenu en éveil ? Un loup ensorceleur, peut-être.

Giovanni avait le regard goguenard. Connaissant le goût d'Angelo pour les jolies filles, il ne doutait pas que son ami, à la faveur du carnaval, ait passé la soirée, et un peu plus, à lutiner une charmante Colombine.

– C'est juste, reprit Antonio, le godelureau s'est annoncé en criant à qui voulait l'entendre qu'il était amoureux. Je suis bien certain que toute la place en est à présent informée.

– Toute la place ? Tu veux dire toute la lagune ! Mais nous, dit Giovanni, ce que nous aimerions savoir, c'est de qui il est amoureux.

– Je veux bien vous raconter mon aventure de cette nuit, mais pas ici. Allons trouver un endroit plus calme, et je vous dirai tout.

– Pour ce qui me concerne, dit Giovanni, je suis libre comme l'air.

– À propos, dit Angelo, ton père t'attend pour travailler.

– Et comment le sais-tu ?

– Je suis passé chez toi avant de venir ici. Il m'a précisé que tu étais parti depuis une heure, et que tu devais revenir dans cinq minutes.

– C'est bien ce que je disais : je suis libre comme l'air, répéta le garçon, un immense sourire aux lèvres.

Les deux paires d'yeux se tournèrent vers Antonio, le plus âgé d'entre eux, le plus raisonnable aussi, du moins en apparence, car le peintre savait obéir aux coups de folie que lui imposait parfois sa condition d'artiste. Il se tourna vers le balcon du petit immeuble, où était posée sa boîte noire.

– Hum, la tenture est tirée, mon hôtesse doit avoir de la visite. Je ne pense pas que le moment soit bien choisi pour la déranger. Je vous accompagne, mais pas trop longtemps, je ne voudrais pas que la lumière soit trop différente.

Ils choisirent de se rendre à l'auberge *Ca' del Dose*, qu'ils fréquentaient souvent et qui était devenue, par la force de l'habitude, leur quartier général. La modeste *tavola calda*[1] était encore à peu près déserte lorsque les trois compères en franchirent le seuil. Seul un vieil homme, qui avait dû y passer la nuit, somnolait, la tête posée sur ses bras croisés, à même la table.

Lucia, la tenancière, les accueillit avec un éclat de rire, qui fit sursauter le dormeur. Il leva à peine les yeux sur les trois arrivants, tourna la tête dans l'autre sens, puis replongea dans son sommeil.

– Regardez qui nous vient ! lança Lucia à la cantonade. Le soleil n'est pas encore levé que mes trois coquelets courent se mettre au chaud, dans leur nid. À moins que vous ne finissiez votre nuit ?

1. « Table chaude », en italien. Désigne un petit lieu de restauration où l'on servait une cuisine familiale destinée à une clientèle modeste.

– Tu ne crois pas si bien dire, lui retourna Antonio. En tout cas, pour l'un d'entre nous.

En prononçant ces paroles, le peintre désignait Angelo du doigt à son insu. Le jeune garçon trouva la pénombre bénéfique, la lumière du soleil commençait en effet à gêner ses yeux fatigués.

– Angelo, Angelo… dit Lucia d'un ton réprobateur, en secouant la tête. Comment s'appelle-t-elle, cette fois, canaille ?

– C'est bien ce que nous sommes venus apprendre, ajouta Giovanni. Lucia, s'il te plaît, apporte-nous un pot de « larme du Christ[1] ».

Lucia déposa sur une table un élégant flacon transparent, dans lequel baignait le liquide doré. Elle disposa ensuite trois fins verres à pied, sans quitter Angelo des yeux.

– Tu nous gâtes, ma tendre Lucia, dit Antonio. Les verres de cristal, la carafe des grands jours. Il n'y a pas à dire, on se sent tout de suite plus important.

1. Allusion au lacryma-christi, vin muscat du sud de l'Italie.

Lucia, la quarantaine épanouie, observait en souriant cette belle jeunesse, toujours prête à une galanterie et insouciante à souhait.

– J'ai entendu parler, hier soir, de l'arrivée d'un seigneur en provenance d'Angleterre. Et il paraît que ce seigneur est venu avec sa famille. Je ne sais pas pourquoi, mais j'ai l'impression que notre Angelo est au courant de cette installation. Alors, je me dis que ce pourrait être un grand jour, et qu'il faudrait le célébrer.

Le fin sourire qui ornait la bouche de Lucia rencontra, comme en miroir, celui d'Angelo.

Le jeune homme vivait depuis longtemps seul avec son père. C'était l'unique enfant de Giacomo Dallacasagrande et de Renata, la seule femme que le maître d'armes ait jamais aimée. Elle était morte du miserere[1], dans des souffrances que le père passa sa vie à oublier ; et Angelo, par fortune, était trop jeune pour en avoir conservé le souvenir.

1. Ancien nom de l'appendicite.

Giacomo ne s'était jamais remarié, et voulut élever seul son fils. Depuis toujours, il était le maître d'armes des familles les plus estimées de Venise. Bien que de condition modeste, son génie dans l'art de l'escrime en fit un redoutable bretteur, et peu d'hommes, dans tout le nord de l'Italie, auraient eu l'inconscience de le défier. Pas un gentilhomme à Venise n'ignorait l'enseignement de Dallacasagrande, et on se pressait pour accéder à sa salle d'armes.

Giacomo eut à cœur d'éduquer son fils, dès son plus jeune âge, aux subtilités du fleuret, arme qu'il affectionnait entre toutes, pour sa légèreté et sa précision. L'épée, bien que plus dangereuse, lui semblait plus difficile à manier, parce que plus lourde, et surtout moins efficace dans les combats rapprochés. Il lui enseigna aussi à se servir de la dague, qu'ils portaient, l'un comme l'autre, à l'italienne, dissimulée dans le dos.

Le jeune Angelo grandit entre un père aimant pour deux et la science des armes blanches, avec les rues de Venise pour terrain de jeu. Sans doute sa destinée le conduirait-elle à reprendre le métier de son père, mais pour l'heure, il avait trop à faire à connaître le monde nocturne de la Sérénissime[1].

– Explique-moi, chère Lucia, dit Angelo, comment tu as pu être si vite au courant de l'installation de cette famille étrangère, et de ma propre implication dans cette histoire.

– Vois-tu, mon joli, répondit Lucia, ici, tout se sait, toutes les histoires se racontent, parfois même avant qu'elles ne se soient produites. Regarde, chacun de nous est prêt à t'écouter, ne nous fais pas davantage languir.

---

1. Nom donné communément à la république de Venise.

CHAPITRE 3

Ils avalèrent une gorgée de vin doux, puis Angelo entama son récit.

– Lucia n'a pas tort. Je me trouvais hier, en fin d'après-midi, au *squero*[1], à aider un ami à former une gondole, lorsque son frère vint nous avertir qu'une goélette battant pavillon anglais s'était amarrée en face de San Marco. Vous connaissez mon goût pour les vaisseaux étrangers...

1. Chantier de gondoles.

– Et pour les belles étrangères… souffla Lucia qui écoutait depuis le comptoir.

Angelo ne releva pas l'allusion et poursuivit :

– Je me suis donc approché du quai, juste à temps pour voir s'éloigner une barque, sur laquelle avait pris place une famille de bourgeois anglais.

– Tu les as vus ? demanda Antonio.

– Juste aperçus. Mais j'ai parlé à l'un des pêcheurs qui avait assisté au spectacle, et il m'a précisé qu'ils étaient trois – accompagnés de leur domesticité –, un homme élégamment vêtu, son épouse et leur fille.

– Nous y voilà, dit Giovanni.

– Mais alors, dit à son tour Antonio, à ce moment de l'histoire, tu n'as toujours pas vu la donzelle ?

– Je n'ai encore vu personne. La barque s'est enfoncée dans le Grand Canal, et, j'ignore au juste pourquoi, j'ai eu l'envie de savoir où elle se rendait.

– Le goût des vaisseaux étrangers, sans doute,

dit Antonio dans un fin sourire.

– Sans doute, dit Giovanni. Mais poursuis, mon ami, poursuis, ne te laisse pas distraire par nos suppositions.

Angelo dégusta une nouvelle gorgée de lacryma-christi, goûtant un plaisir certain à laisser languir ses compagnons.

– J'ai donc longé les quais, en essayant de ne pas perdre de vue notre fameuse barque. Les toiles tendues, en raison du soleil qui sévissait encore sur la lagune, m'interdisaient de voir à quoi ressemblaient les passagers, mais une ombre furtive çà et là me laissait pourtant deviner certains traits de visage.

– Le pouvoir de l'imagination m'étonnera toujours, dit Antonio sur un ton solennel.

– Si tu l'interromps sans cesse, dit Giovanni, il se sera endormi avant que nous ne connaissions le dernier mot de l'histoire. Je te le répète, mon ami, poursuis donc.

– La barque n'en finissait pas de glisser sur le Grand Canal. Et je me demandais, tout en la suivant depuis la rive, dans quel palais elle allait faire escale. Au début, j'ai pensé qu'elle allait accoster devant le palazzo Corner. Mais elle poursuivit sa route, impassible. Ensuite, j'ai bien cru que c'était au pied du palazzo Grassi, après que j'ai failli la perdre de vue en rejoignant le pont sur le rio del Duca.

– Dis-moi, mon cœur, intervint Lucia, tu penses te lancer dans une visite guidée de Venise ? Parce que si c'est le cas, préviens-moi lorsque ta barque sera enfin amarrée au ponton du bon palais !

– C'est vrai, dit à son tour Giovanni, tu deviens agaçant, à nous balader de la sorte !

– Je pensais, répondit Angelo, vous faire ainsi partager ma propre promenade. Si vous le permettez, je vais donc continuer. Où en étais-je ?

– Au palazzo Grassi, dit Antonio en levant les yeux au ciel.

– Qui n'était pas le bon, termina Giovanni.

– C'est cela, dit Angelo. Après avoir dépassé le palazzo Grassi, je me suis dit qu'il ne pouvait s'agir que du palazzo Corner Mocenigo. À moins, bien entendu, qu'il ne s'agisse d'un palais situé sur l'autre rive. Dans ce cas, je me voyais déjà courir jusqu'au Rialto[1], au risque de perdre ma chère barque des yeux. Car, je dois le confesser, à mesure que j'avançais, je devinais qu'à l'intérieur de cette embarcation se trouvait quelqu'un qui allait sceller mon destin.

– Lucia, dit Giovanni, tu as un lit de libre ? Parce que, au train où vont les choses, c'est moi qui vais m'endormir.

Ignorant la remarque, Angelo poursuivit :

– Eh bien, le croirez-vous, la barque longea le palazzo Mocenigo. Elle s'approcha du ponton, je vis même un marin se lever. À ce moment précis, j'en étais bien persuadé, c'était là et nulle part ailleurs qu'ils allaient accoster. Je me préparai à détailler les occupants de l'embarcation… et puis non, elle fila.

1. Au XVIIIe siècle, le pont du Rialto était le seul qui permettait de traverser le Grand Canal.

– Lucia, dit Antonio à son tour, un lit pour moi aussi. Ou plutôt non, j'ai trop attendu, la lumière sur la place ne va plus convenir, je m'en vais.

Le jeune peintre fit mine de se lever, en adoptant un air courroucé. Angelo suivit son jeu, le retenant par le bras.

– Antonio, reste encore un peu, j'en ai presque terminé. En réalité, la balade de la barque m'a conduit jusqu'au palazzo Grimani.

– Le palazzo Grimani, dit Antonio en s'asseyant, soudain intéressé. Mais lequel ? Les Grimani en ont au moins quatre à Venise.

– Je veux parler du palais de San Luca. Mais en fin de compte, je n'ai pas pu voir les passagers aussi bien que j'aurais voulu. Le rio di San Luca m'interdisait de m'approcher assez, et le palais lui-même me cachait la vue de la barque lorsque enfin elle se décida à accoster.

– Tu aurais dû faire le tour, pour te retrouver en face, dit Antonio.

– C'est bien ce à quoi j'ai dû me résoudre, dit Angelo. J'ai couru comme un démon pour traverser le Rialto encombré et, bousculant tous ceux que je pouvais, j'ai rejoint le quai par la *calle*[1] Barzizza.

– Et tu l'as enfin vue ? demanda Giovanni.

– Eh bien non, ils étaient déjà entrés.

Un geste d'agacement collectif secoua les trois auditeurs, et Antonio se leva une nouvelle fois, lançant à la cantonade :

– Vous allez voir qu'en définitive notre chasseur n'aura pas aperçu la moindre tourterelle ! Cette fois, c'est entendu : je retourne à ma peinture.

– Mais je l'ai vue un peu plus tard, annonça Angelo, avant de terminer son verre.

Antonio Canal fit un tour sur lui-même, puis se posa de nouveau sur sa chaise.

– Très bien, jeune Dallacasagrande, je consens à écouter la suite, mais par pitié, presse donc un peu le pas, nous aimerions tous ici savoir comment finit l'histoire !

---

1. « Rue », en italien.

– Si tant est qu'elle ait une fin, ponctua Giovanni.

– Là est l'inconvénient, poursuivit Angelo. Mon histoire n'a pas de fin, je pense même qu'elle ne se trouve qu'à son début.

– Lucia, ma douce, dit Antonio, s'il te plaît, verse-nous donc un autre flacon de ce vin délicieux, capiteux à souhait, et aussi enivrant que ta vue.

Lucia arriva en riant vers leur table. Elle y déposa le flacon empli du même liquide doré, et choisit de s'installer auprès d'eux.

– Si ça ne vous dérange pas, j'entendrai aussi bien ici.

Antonio et Giovanni se poussèrent pour lui offrir une place entre eux deux, et chacun se tourna vers Angelo, attendant la suite de son récit.

– À cet instant précis, j'ignorais encore qui se trouvait dans le palazzo Grimani. Je savais, par le pêcheur sur le quai du palais ducal, qu'une famille avait débarqué, et parmi elle, une jeune fille. Vous aurez peut-être deviné que c'était cette personne qui avait attisé ma curiosité.

– Nous avions cru le comprendre, en effet, ironisa Giovanni.

– Mais pour l'amour du ciel, dit Antonio, vas-tu enfin nous révéler si, oui ou non, tu as vu cette fameuse jeune fille ailleurs que dans ton imagination !

– Un peu de patience, Antonio, un peu de patience, dit Angelo. Il m'en a fallu beaucoup, à moi-même, avant que je ne l'aperçoive. Je décidai donc, comme je vous le disais tout à l'heure, de rester un peu avant de battre en retraite. Je m'installai sur le quai, juste en face du palais. Un va-et-vient incessant de gondoles agitait sans cesse l'eau du canal. Quelques-unes venaient même accoster à l'entrée du palais, mais il s'agissait de fournisseurs qui apportaient des tonneaux, des caisses de victuailles. Je supposai qu'une réception devait se préparer pour les prochains jours, sans doute pour célébrer l'arrivée de la famille en question.

Et puis, au terme d'un temps qui me sembla une éternité, je vis enfin, par les fenêtres de l'étage, régner une certaine agitation. Entre-temps, le soir était tombé, et c'est à la lueur des chandeliers que j'aperçus des ombres se déplacer.

– Nous voici de nouveau avec les ombres, s'impatienta Giovanni. Quand donc vas-tu nous présenter des êtres de chair et de sang ?

– Ah, mon cher Giovanni ! Tu ne crois pas si bien dire. Il s'agit bien de chair et de sang, crois-moi !

Lucia servit du vin, sans s'oublier elle-même. Elle semblait absorbée par le récit du jeune garçon.

– La porte centrale s'ouvrit, et je vis apparaître une femme d'une grande beauté, auprès d'un homme d'âge mûr.

– C'était elle ? demanda Giovanni.

– Non, je pense que c'était sa mère.

– Et son père, sans doute, dit Lucia.

– Mais la vue de la mère me laissait présager ce que devait être la fille.

– Il ne faut jamais présumer de ces choses-là, dit Antonio. Regarde Giovanni, sa mère est une très belle personne.

La tablée éclata de rire, même Giovanni, qui ne s'offusquait jamais des plaisanteries de leur aîné. Antonio, d'ailleurs, lui tapota amicalement l'épaule.

– Et alors, dit Giovanni, la fille était-elle à la hauteur de tes espérances ?

– Alors, poursuivit Angelo, les parents, après avoir contemplé la vue du Grand Canal éclairé par les fanions des embarcations et par les lumières émanant des palais, se retirèrent à l'intérieur. Ce ne fut que quelques minutes après que je l'aperçus, elle.

– Mon bijou, dit Lucia, tu es peut-être lent, mais qu'est-ce que tu racontes bien.

Angelo la gratifia d'un sourire flatté, puis reprit :

– Je croyais m'être déjà endormi et plongé dans un rêve. Ce fut comme une apparition céleste. Une jeune fille, tout de blanc vêtue, se matérialisa soudain derrière la rangée de balustres. Je ne l'avais pas vue arriver, et encore maintenant, j'ignore par quelle ouverture elle s'est engagée sur le balcon. Elle portait une robe à panier, d'une blancheur éclatante ; à l'arrière, un voile délicat courait le long de son dos, pour rejoindre le bas de sa tenue. Sur son abondante chevelure blonde, elle avait posé un chapeau, blanc lui aussi, noué autour de son menton. Son regard se promena sur le Grand Canal, elle semblait fascinée par la lumière du jour mourant.

– Elle est parfaite à cet endroit, ponctua Antonio, avant de se faire rabrouer par les deux autres, avides de connaître la suite.

– Alors, je me suis lentement levé, et je l'ai observée avec attention. Ses yeux d'un bleu de lagune juste avant le lever du soleil, ce bleu sombre, perçaient l'obscurité naissante de la nuit, pour se poser sur chaque détail. Sur le Rialto, magnifique, sur lequel j'avais couru pour la retrouver, sur les façades de la riva del Vin, sur les gondoles, qui promenaient nombre de belles dames et de beaux messieurs, tous costumés, pour se rendre à quelque réception de carnaval.

– Dis-moi, Antonio, demanda Giovanni, toi qui es au fait des choses savantes, penses-tu que l'amour donne des pouvoirs particuliers ?

– Que veux-tu dire ?

– Comme celui de posséder une vue de chat. Notre Angelo, à la nuit tombante, discerne tant de détails que j'en viens à penser que son apparition céleste était bel et bien un ange.

– Tu as raison, Giovanni, mon ami, c'était bien un ange. Un ange de chair et de sang, j'en suis à présent convaincu. Car, vois-tu, après avoir laissé son regard embrasser la nuit vénitienne, elle l'a posé sur moi.

– Sur toi, tu es sûr ? demanda Antonio.

– Sur moi, j'en suis certain. Son visage a cessé de se mouvoir, et elle a plongé ses yeux dans les miens. Cet instant, jamais je ne pourrai l'oublier. Je me suis avancé jusqu'au bord de l'eau, et nous sommes restés là, à partager ce moment de pure harmonie. Nous étions seuls, plus rien n'existait, ni le Grand Canal, ni les gondoles, ni le palais. Elle et moi, réunis par-delà l'eau de la lagune, en parfaite communion.

– Bon sang, Angelo, soupira Lucia, tu viens de m'ôter vingt ans ! J'avais oublié qu'on pouvait être aussi amoureux.

– Et en un seul regard, ajouta Antonio. Mais que s'est-il produit ensuite, jeune audacieux ?

– Ensuite, comme à regret, elle s'est retournée. Je pense qu'on a dû l'appeler.

– Bien sûr, dit Giovanni en souriant, sinon, elle serait sans doute restée là, religieusement, à te regarder toute la nuit.

– Ne sois donc pas si mécréant ! lança Angelo. Elle s'est retournée, a parlé derrière elle, puis m'a offert un dernier regard, dans lequel je me suis noyé à jamais. Je n'ai pas bougé de la nuit.

– Tu n'as pas bougé de la nuit ? répétèrent en chœur, incrédules, ses deux amis.

– Non, je ne voulais pas manquer le moment où elle reviendrait pour me voir.

– Est-elle revenue ? demanda Lucia.

– Je suppose qu'elle ne le pouvait pas. Au petit matin, pourtant, j'ai retrouvé sa silhouette, derrière les voilures. J'ai pensé qu'elle allait sortir une nouvelle fois, mais je ne l'ai pas revue. C'est alors que je me suis décidé à venir vous conter cette belle rencontre.

CHAPITRE 4

– Ainsi donc, résuma Antonio, tu es bel et bien amoureux fou d'une jeune fille que tu as aperçue hier soir, à la nuit tombante, au balcon d'un palais, et qui t'a, crois-tu, accordé un regard.

– Quelle belle jeunesse ! dit Lucia en se levant. Mon pauvre Angelo, te voilà pris au filet. Mais tu auras beau te débattre, tu ne parviendras pas à la surface.

– Que veux-tu dire ? demanda Angelo.

– C'est simple, répondit la tenancière. Si la jeune demoiselle loge au palazzo Grimani, c'est qu'elle y est invitée par le marquis.

– Qui n'invite pas des gens comme toi ou moi, termina Antonio. Notre chère Lucia a raison, mon ami, il te faut vite t'ôter cette fille de l'esprit, vous n'êtes pas du même monde. Et rien n'est plus humiliant que d'en vivre l'amère expérience.

– Je dois la rencontrer, dit Angelo. Je dois lui parler, lui dire qui je suis, et alors, elle comprendra.

– Cette fois, c'est certain, dit Giovanni, le manque de sommeil lui a tourné la tête.

– N'y songe pas, mon frère, dit Antonio en s'approchant de son ami, tu y laisserais sans doute la vie, et peut-être davantage : ton honneur.

Au fond de lui, Angelo savait que ses amis avaient raison. Pourtant, il ne parvenait pas à diriger ses pensées ailleurs que vers ce balcon où la jeune fille lui était apparue.

Lucia retourna à son comptoir, servir deux hommes qui venaient d'entrer dans l'auberge.

Antonio et Giovanni finissaient leurs verres, entourant leur compagnon, dont ils devinaient la détresse.

C'est alors que la porte s'ouvrit, laissant place à un jeune homme au teint hâlé. Ses traits étaient fatigués, mais un large sourire lui dévorait le visage.

– Par la Sainte Vierge, je savais bien que je vous trouverais ici ! Et devant un beau flacon de « larme du Christ », de bon matin ! Quelle bande de vauriens vous faites ! Permettez-moi d'en être !

– Mirko ! dit Giovanni. Que s'est-il donc passé ? Tu as si bien manœuvré la barque de ton père qu'elle gît au fond de la lagune ?

– Je l'ai certes bien manœuvrée, tu ne crois pas si bien dire, c'est pour cela que notre pêche a ce matin été abondante, et que mon père a accepté de me libérer aussi tôt. Et je me suis demandé où vous pouviez bien demeurer. Antonio me disant hier au soir qu'il serait à sa peinture sur le campo Santi Giovanni e Paolo, je m'y suis rendu, mais je ne risquais pas de l'y trouver. Je ne risquais pas davantage de rencontrer notre Gino là où il devrait être depuis un bon moment, c'est-à-dire auprès de son tailleur de marbre de père, qui l'attend encore.

– Bon sang, se lamenta Giovanni, faudra-t-il donc que vous passiez tous le voir l'un après l'autre ?

– C'est vrai, dit Angelo, ce pauvre monsieur Sammali a déjà fort à faire avec un fils pareil ! S'il faut en plus que nous allions tour à tour le lui rappeler !…

– Quant à toi, Angelo, poursuivit Mirko, il semble que tu sois introuvable depuis hier après-midi. Sous quel balcon as-tu cette fois perdu ta nuit ?

Lucia ne put retenir un rire sonore. Tout en servant ses clients, elle ne perdait pas une miette de la conversation entre les quatre garçons.

– Tu vois, Angelo *mio*, dit-elle, il n'est pas besoin de t'inventer des occupations, chacun sait où tu passes ton temps. Ce cher Mirko doit avoir une âme de devin, il a tout de suite compris le motif de ton absence nocturne.

– On dirait que j'arrive à point, dit le jeune pêcheur. Vos mines trahissent le conciliabule qui vient de se dérouler ici. Je veux en être informé, mais pas avant d'avoir mouillé mes lèvres à ces chères larmes divines.

Lucia lui apporta un verre, et embrassa le garçon sur les deux joues. Depuis la disparition de sa mère, Lucia l'avait pris en affection et ne manquait jamais de le gratifier d'un geste tendre. Elle versa elle-même le muscat, puis vida la carafe dans les autres verres.

– Alors, qui va me mettre au courant des dernières aventures de notre Pedrolino[1] ?

– Eh bien, commença Antonio, qui avait, semble-t-il, abandonné l'idée de peindre ce matin-là, Angelo a bien passé la nuit sous le balcon d'une jeune fille dont il ne sait rien, et

---

1. C'est le nom original du Pierrot de la commedia dell'arte, éternel rêveur et amoureux.

qui lui a, d'après lui, accordé un regard, au beau milieu de la nuit.

– Mais quelle meilleure raison pourrait-il exister pour tomber amoureux ? énonça Mirko. Un regard de sa belle, et le monde est déjà plus beau.

Enhardi par le soutien de son ami, Angelo reprit confiance.

– Toi, au moins, tu me comprends. C'est vrai, je ne sais rien d'elle, sinon qu'elle est venue d'Angleterre, hier en fin d'après-midi, avec sa famille, et qu'elle loge au palazzo Grimani de San Luca.

– C'est donc cette goélette que tout le monde admirait… Elle a repris la mer ce matin alors que nous levions nos voiles, mon père et moi. Et as-tu pu lui parler, à ta belle Anglaise ?

– En aucune façon, répondit Antonio. Un seul regard, te dis-je, qui devait être à ce point brûlant qu'il a réussi à percer l'obscurité du soir. Nous venons de conseiller à notre cher ami de bien vite oublier cette apparition, qui ne durera que le temps de lui perforer le cœur et de lui détruire le peu de raison qu'il lui reste encore.

– Et pourquoi cela, je te prie ? demanda Mirko, soudain sérieux.

– Si elle loge chez le marquis Grimani, c'est qu'elle fait partie de cet autre monde, auquel nous n'avons accès que par la force de notre imagination, tu le sais comme moi.

– Et toi, Angelo, qu'en dis-tu ?

– Mirko, je l'aime, vois-tu, mais je dois bien avouer…

– Comment ! s'emporta le jeune pêcheur. Tu vas renoncer ? Savez-vous ce que j'ai appris de mes épreuves passées ?

Un silence épais s'installa. Personne n'osa répondre, chacun étant bien conscient de la douleur qui vivait encore dans le cœur du jeune homme.

– J'ai appris que la vie est éphémère, et qu'à peine crois-tu l'avoir entamée que le sort maudit t'entraîne loin de ceux qui t'aiment. J'ai appris que le temps des regrets arrive bien trop vite, et parfois trop tard. J'ai appris aussi que l'amour est un sentiment bien trop sérieux pour qu'on l'enferme dans des choix sociaux. Si tu l'aimes, Angelo, si tu l'aimes vraiment, et même si tu n'en es pas certain, rien ni personne ne doit te détourner de ta résolution. Dis au monde qui tu es : Angelo Dallacasagrande, celui que l'amour n'effraie pas. Montre-lui, à cette belle Anglaise, que tu n'es pas homme à renoncer. Cette étoile te paraît inaccessible, alors, plus noble en sera la conquête. Et moi, mon ami, mon frère, je t'aiderai, de toute la force de mon âme.

– Tu as raison ! explosa Giovanni, que le vin commençait à griser. C'est toi qui as raison, Mirko ! Sommes-nous donc de frileux barbons que la crainte d'un courant d'air rebute ? Nous irons la conquérir, ta fière Albion, ensemble, n'est-ce pas, vous tous ?

La passion eut raison des jeunes hommes, que les autres buveurs observaient avec amusement. Seul Antonio conservait une relative sérénité. Il secoua la tête, puis dit enfin :

– Vous êtes tous fous à lier, j'en suis bien certain. Mais par la Madone, il ne sera pas dit que je le serai moins que vous. À la belle Anglaise !

– À la belle Anglaise ! reprirent-ils en chœur, en levant leurs verres à la folie de leur jeunesse.

Angelo avait les larmes aux yeux tant la ferveur de ses compagnons lui apportait de chaleur. Et pourtant, il devait bien le reconnaître, c'était la fatigue qui l'emportait sur tout le reste.

– Écoutez, mes amis, dit-il, voici ce que je vous propose : réunissons-nous ici même ce soir, avant la nuit, et nous verrons alors comment agir.

– Cela me convient, dit Antonio. Je m'en vais retourner à mon esquisse, avant que la lumière ne soit définitivement perdue.

– Et moi, dit Giovanni, si je veux trouver un peu de soupe dans mon assiette à midi, je ferais bien de rejoindre mon père.

– Je m'en vais aussi retrouver les miens, dit Mirko à son tour, mes frères doivent avoir besoin de leur aîné pour les nécessités de la maison. Et toi, Angelo, que vas-tu faire, en dehors de rêver ?

– Je vais me reposer un peu, si Lucia veut bien m'offrir l'hospitalité. Je ne pense pas que mon père accepte de me laisser dormir en pleine journée alors que lui sue sang et eau dans sa salle d'armes.

Il avait un peu haussé la voix, à l'intention de Lucia, qui souriait derrière son comptoir. Ce n'était pas la première fois que l'un ou l'autre des garçons venait occuper clandestinement les chambres de l'auberge, pour quelques heures de repos après une nuit sans sommeil.

– Tu devrais trouver ton bonheur à l'étage, lança Lucia. Tu connais le chemin, je crois.

Les quatre amis se séparèrent, et Angelo s'endormait sans doute déjà en gravissant l'escalier en bois, couvé par le regard maternel de Lucia.

Pressant le pas, Antonio avait oublié ses trois compagnons, le palazzo Grimani et la belle

Anglaise. Il n'avait qu'une hâte : retrouver son propre balcon, sa chambre noire et ses crayons. Il atteignit peu après la place, et se dirigea vers le petit immeuble, au premier étage duquel il avait installé son matériel.

Parvenu devant la porte, il hésita, puis se décida à toquer. Il allait répéter son geste, jugeant celui-ci trop timide, lorsqu'une femme tout juste vêtue d'un peignoir en soie rouge vint lui ouvrir.

– Maître Canal, dit-elle dans un sourire qui dénonçait ce que le titre avait d'ironique, je pensais que vous m'aviez abandonnée. J'ai bien failli vous faire rechercher.

– Je… bégaya Antonio, pris de court. Je m'étais absenté un instant.

– Une affaire de cœur ?

– En quelque sorte, on pourrait le dire ainsi. Mais je ne veux pas vous déranger, je retourne travailler, si vous le permettez.

– Bien entendu, je vous le permets.

La dame s'effaça pour laisser le passage au

jeune peintre, troublé tant par la rencontre que par le ton léger de la propriétaire de l'appartement.

Il regagna son poste d'observation et pesta contre le temps perdu, au cours duquel la lumière s'était par trop modifiée. Bien qu'il n'en soit alors qu'au stade de l'esquisse, il aimait à indiquer sur le calque les tonalités exactes, hachurer les zones d'ombre.

Il choisit de commencer un nouveau dessin préparatoire. Pour cela, il fit coulisser le tube contenant la lentille afin d'obtenir une netteté parfaite, puis déposa sur le verre une bande de papier calque.

Lorsqu'il avait ainsi terminé son étude, il lui suffisait de regarder le dessin décalqué, en le renversant, pour retrouver l'image réelle qui servirait de base à son dessin définitif.

Très vite, les formes se mirent à naître sur la feuille. Les volumes rapidement entourés, les premiers détails apparaissaient. Puis les indications de couleurs, les parties plus obscures. Le galbe des arches de l'école, le triangle que formait l'ombre de l'église, les principaux mouvements des embarcations.

Antonio était à ce point concentré que plus rien ne semblait exister autour de lui. Ni l'agitation sur la place, où un badaud le montrait parfois du doigt, ni le temps qui se déroulait sans heurts, pas plus que la pensée de la femme au peignoir rouge, à quelques pas de lui.

Il travaillait depuis près d'une heure déjà lorsque la porte-fenêtre s'ouvrit derrière lui. Tout de suite, il songea à son hôtesse, mais une forte voix masculine résonna. Il aurait reconnu entre mille l'accent anglais et la gouaille de son bienfaiteur, Joseph Smith.

– Antonio ! Alors, comment vas-tu ? Tu es bien placé, n'est-ce pas ? Ne t'avais-je pas dit que je te trouverais un endroit parfait ?

Le jeune peintre se retourna. Joseph Smith se tenait sur le pas de la porte, un bras passé autour de la femme, toujours vêtue du même peignoir. L'idée le traversa de savoir depuis quand le marchand était là. Il décida que cela ne le regardait pas, et s'inclina avec respect.

– Vous aviez raison, Mr Smith, d'ici, la vue est idéale.

En disant cela, il ne put retenir son regard, qui se porta sur la femme. Joseph Smith partit du rire tonitruant qui le caractérisait.

– HA ! HA ! HA ! HA ! HA ! Sacré Canaletto – Smith l'appelait souvent par ce surnom –, je vois que tu as l'œil de l'artiste ! J'espère, en tout cas, que cette charmante créature ne t'empêche pas de créer.

L'homme aimait jouer avec les mots et s'enorgueillissait de posséder la langue italienne à la perfection.

Antonio restait silencieux, ignorant le motif de la visite de l'Anglais. Même s'il en brûlait d'envie, il ne se permit pas de se remettre au travail en présence de l'amateur d'art. Ce dernier l'impressionnait, par sa position sociale en premier lieu, puis par son activité de collectionneur. Joseph Smith avait plus d'une fois parlé de lui passer des commandes, mais ne s'était encore jamais exécuté.

– Mon jeune et talentueux Canaletto, je viens t'annoncer une grande nouvelle. Cet après-midi, tiens-toi prêt, endosse tes plus beaux habits, poudre-toi un peu le visage, je t'emmène faire la connaissance d'un vieil ami.

– Un vieil ami, dites-vous ?

– Oui, il vient d'arriver à Venise. Hier soir, précisément. C'est un imprésario de théâtre, qui voyage avec sa famille. Il s'est installé au palazzo Grimani, sur l'invitation du marquis.

CHAPITRE 5

Antonio avait du mal à croire ce qu'il entendait. Les paroles de Joseph Smith faisaient écho à la conversation du début de la matinée. Ainsi, le sort allait lui jouer un curieux tour.

– Bien sûr, dit-il après un moment de stupeur, j'en serais très heureux.

– Parfait. J'ai convié ce cher MacSwiney à me retrouver chez moi, il viendra avec sa jeune fille. Viens nous y rejoindre sans faute, je lui ai parlé de toi, il est très intéressé par ton travail.

Antonio était flatté d'entendre ainsi évoquer

son art. À l'évidence, sa renommée naissante prenait son essor, bien plus, du reste, auprès d'amateurs étrangers que dans son propre pays. Cet homme du monde britannique, ce MacSwiney, pourrait sans doute lui ouvrir d'autres horizons. Antonio se voyait déjà traverser les océans pour se rendre en Angleterre et y exposer ses œuvres.

– Je n'y manquerai pas, Mr Smith. Voulez-vous que j'apporte quelques toiles ?

– Excellente idée, Canaletto, prends donc avec toi cette magnifique vue de la piazza San Marco, celle d'avant le pavage.

– Mais c'est qu'elle est bien encombrante. Dans ce cas, j'y pense, je pourrais peut-être me faire aider d'un jeune assistant. Seriez-vous d'accord pour qu'il m'accompagne ?

– Bien sûr, pourvu qu'il soit propre et qu'il ne dise pas un mot. Je ne peux pas souffrir d'entendre raconter des niaiseries ou, pire, des vulgarités lorsque je reçois un ami, compatriote de surcroît.

– N'ayez crainte, répondit Antonio dans un fin sourire, il sera muet et ne fera qu'observer, je m'en porte garant.

– Alors, c'est dit, à tout à l'heure, *maestro* Canaletto.

Durant la discussion, la femme au peignoir rouge n'avait pas quitté Antonio des yeux. Son âge n'était pas aisé à définir, et le jeune peintre ne s'y serait pas risqué. Pourtant, il lui trouvait un charme puissant, propre, à n'en pas douter, à sa profession.

Joseph Smith retourna dans l'appartement, sans se séparer de sa compagne. La porte se ferma sur eux, mais Antonio n'avait plus l'esprit à poursuivre son travail d'esquisse. Le hasard avait mis sur sa route, et surtout sur celle d'Angelo, un allié inespéré en la personne de ce commerçant jovial. Mais il se sentait partagé entre la joie de pouvoir aider son ami et les risques qu'une telle aventure supposait. En effet, il jouait sans doute sa carrière de peintre dans cette rencontre, et il redoutait qu'elle ne soit compromise par les affres de la passion dont souffrait son ami. Cette idée tempéra son enthousiasme. Cependant, il ne s'imaginait pas se rendre à cette présentation sans en informer Angelo.

Il roula soigneusement son calque, qu'il posa à côté des autres, puis glissa un regard à travers la fenêtre. La tenture n'était pas tirée, ce qui laissait penser que Joseph Smith était parti et qu'aucun autre visiteur ne le remplaçait.

Antonio traversa l'appartement sans rencontrer son occupante, ce dont il fut soulagé.

En toute hâte, il se rendit à la *Ca' del Dose*, qui s'était emplie d'une clientèle nombreuse et bruyante. Une jeune fille au teint sombre, d'à peine une douzaine d'années, était venue épauler Lucia. Antonio savait que la tenancière l'avait recueillie et qu'elle l'élevait comme sa propre fille.

– Bonjour, monsieur Antonio, dit la fillette en le voyant entrer.

– Bonjour, Zamira. Lucia, Angelo est toujours en haut ?

– Et où voudrais-tu qu'il soit ? Il dort depuis votre départ comme un bienheureux. Et je n'ai pas de doute sur la teneur de ses rêves.

– Eh bien, je dois y mettre un terme.

– À ses rêves ?

– Et à son sommeil. Mais pour ce qui est de ses rêves, je crois qu'il pourra les poursuivre en étant éveillé.

Lucia resta interdite, ne sachant comment interpréter cette dernière phrase.

Antonio bondit à l'étage, et pénétra dans la première chambre, que ses amis et lui utilisaient habituellement. Angelo était étendu, tout habillé, en travers du lit, le nez enfoncé dans l'oreiller. Le manque de sommeil, ainsi que le lacryma-christi, avait eu raison de sa lucidité. Antonio dut le secouer avec vigueur pour qu'enfin il émette un grognement.

– Mais que se passe-t-il ? Je dors, je crois que c'est visible, non ?

– Angelo, dès que tu m'auras entendu, plus rien ne pourra te replonger dans les bras de Morphée.

– C'était dans d'autres bras que j'étais plongé, dit Angelo sans modifier sa position.

– C'est l'objet de ma visite. Tu ne vas pas le croire, mais cet après-midi, je vais te présenter à ta belle Anglaise.

Les mots eurent l'effet du plus puissant des stimulants. Angelo se redressa d'un bond et fit face à Antonio, les yeux écarquillés.

– Que dis-tu ? Tu vas me présenter à elle ? Mais par quel prodige ?

– Après notre séparation, ce matin, je suis retourné travailler sur mon balcon. Et là, j'ai reçu la visite de Mr Smith.

– Je vois, et alors ? fit Angelo, impatient.

– Figure-toi qu'il m'a proposé de me présenter cet après-midi à l'un de ses amis, venu hier de Grande-Bretagne avec sa famille.

De plus en plus intéressé, Angelo incita son ami à poursuivre.

– L'homme s'appelle MacSwiney, c'est un imprésario de théâtre, qui loge au palazzo Grimani avec son épouse et sa fille.

À mesure qu'il racontait, Antonio s'excitait, et ses scrupules s'envolaient. Devant la mine ensoleillée de son jeune ami, il savait qu'il lui aurait été impossible de cacher une telle nouvelle, dût-elle mettre en péril son propre avenir d'artiste.

– Attends un peu, Antonio, tu es en train de me dire que, cet après-midi, ton Mr Smith va te présenter à son vieil ami imprésario qui loge au palazzo Grimani avec la plus merveilleuse des filles ?

– Je vois que tu as tout compris.

– Mais moi, qu'ai-je à voir dans cette visite ? Tu vas rencontrer son père, et alors ? Tu penses lui parler de moi ?

– Le manque de sommeil t'a ôté l'esprit, mon pauvre Angelo ! Lui parler de toi ? Mais tu n'y songes pas. Non, écoute-moi jusqu'au bout. Mr Smith a invité MacSwiney chez lui, dans son palais. Il s'y rendra avec sa fille. Et il voudrait que je montre à cet ami, qui, si j'ai bien compris, est comme lui amateur d'art, quelques-uns de mes tableaux. En particulier, il aimerait que je lui présente ma *Piazza San Marco*, celle que j'ai peinte il y a trois ans, avant les grands travaux du doge Mocenigo.

– Celle qui se trouve dans ton atelier ? Mais elle est trop grande pour être déplacée, non ?

– Eh bien, c'est là que j'ai eu – n'ayons pas peur des mots – un trait de génie. J'ai demandé à Mr Smith s'il était d'accord pour que je me fasse aider par un assistant, et que celui-ci, bien entendu, m'accompagne durant ma visite.

– Un assistant ? Mais je ne vois toujours pas…

– Juste ciel ! Angelo, vas-tu te réveiller ? Dois-je te préciser que l'assistant en question se nomme Dallacasagrande, et qu'il vient tout juste d'être assigné à cet office ?

Le jeune homme, comprenant enfin, se souleva pour arriver à hauteur du visage d'Antonio.

– Mais c'est vrai que tu es un génie ! Bien sûr, je serai cet assistant. Je vais pouvoir lui parler, c'est…

– C'est hors de question ! Angelo, si tu veux

m'accompagner tout à l'heure, il y a une condition : tu ne dois pas prononcer une parole. Mr Smith me l'a bien précisé, tu devras être muet, et en aucun cas révéler tes sentiments à l'égard de cette demoiselle. Je me suis porté garant de toi, et je ne voudrais pas que Mr Smith ait une quelconque raison de ne plus avoir confiance en moi.

– Oui, oui, Antonio, excuse mon enthousiasme. Je comprends tout à fait. Crois-moi, je ne trahirai en rien notre secret. À la vérité, je dois te remercier, cette rencontre est tout à fait inespérée.

– Tu me remercieras plus tard, si l'entrevue s'est bien déroulée. Viens me retrouver chez mon père, nous nous rendrons chez Joseph Smith avec le tableau. Je m'en vais l'emballer.

Son ami parti, Angelo ne sut plus où poser son regard. La nouvelle l'avait à ce point excité qu'il avait peine à recouvrer ses esprits. S'il ne s'en était empêché, il aurait couru après Antonio, pour qu'il lui répète ce qu'il arrivait tout juste à croire. Mais il avait mieux à faire, il devait rentrer chez lui, se laver, se vêtir, pour se montrer à son avantage.

Il dévala les marches de l'escalier, manquant renverser Zamira.

– Hé, brigand ! cria Lucia. Ne va pas me blesser la petite ! Le diable est donc à tes trousses, pour que tu t'enfuies de la sorte ?

– Lucia, merci mille fois pour le lit. Je dois me dépêcher, la belle Anglaise n'attendra pas.

Lucia partit d'un rire franc, toujours émerveillée par les effets que la vue d'une jolie fille pouvait produire chez le jeune homme.

Sans pouvoir réfréner son ardeur, Angelo s'élança en courant le long des venelles, franchissant d'un bond les ponts qui enjambaient les canaux. En peu de temps, il parvint chez Giacomo Dallacasagrande.

Par la fenêtre ouverte, il pouvait suivre le travail de son père. Bien qu'il ne soit plus tout jeune, il avait l'élégance des gens rompus aux rigueurs de la discipline physique. Le fleuret en position basse, il avançait vers un noble au visage empourpré, qui tentait avec maladresse d'éviter les feintes du maître d'armes. Angelo l'avait vu mille fois s'amuser à cet exercice : il faisait osciller sa lame latéralement, tout en se déplaçant à petits pas. La ruse provoquait chaque fois l'affolement chez l'adversaire, qui ne pouvait plus quitter la lame des yeux, se demandant comment parer le coup. Or, le coup en question arrivait au-dessus, alors qu'il était attendu plus bas.

Cette fois-ci ne fit pas exception, et le jeune aristocrate comprit ce qui lui arrivait lorsque la mouche l'atteignit en plein cœur. De dépit, il se retourna en fouettant l'air de son fleuret. Angelo savait que c'était là une attitude que son père ne tolérait pas, fût-elle du fait d'un grand seigneur. Dans sa salle d'armes, il était le maître, et il ne tolérait pas les démonstrations de colère.

– Baron, dit-il froidement, nous en avons terminé pour aujourd'hui. Nous nous reverrons demain.

– Nous avons déjà fini ?

– Je dois vous prévenir qu'en escrime la patience est un art. La perdre peut vous conduire à perdre la vie. Je vous souhaite une bonne journée.

Giacomo salua, et aperçut alors son fils qui l'observait depuis la rue. Il lui lança un sourire entendu. Angelo attendit que le baron s'en aille pour rejoindre son père.

– Père, qui est donc ce prétentieux ?

– C'est le baron Zane, un pédant. Comme tous les pédants de son espèce, il s'imagine que de naître fortuné lui a donné du talent. C'est un imbécile. Et où donc as-tu passé la nuit, mon fils ?

– Çà et là, mon père, avec des amis. Giuliana est à la cuisine ?

– Oui, elle prépare le repas. Tu as faim ?

– Une faim de loup ! Je dois me dépêcher, j'ai rendez-vous avec Antonio tout à l'heure. Je vais l'aider à porter un tableau. À propos, vous avez les amitiés de Giovanni Sammali.

– Ce vieux Gino, quand l'as-tu vu ?

– Ce matin, je cherchais son fils, et je suis allé le voir lorsqu'il taillait.

– Ne m'as-tu pas dit que tu étais avec tes amis cette nuit ?

Angelo évita de répondre, et se faufila dans la maison. Dans la grande pièce qui faisait office de cuisine et de salle à manger, il retrouva Giuliana. La femme, déjà âgée, vivait avec eux, et s'occupait de l'intendance et du ménage. La réputation de Giacomo lui permettait de recevoir des gages confortables. Il pouvait ainsi employer Giuliana à temps complet, et il s'en félicitait tous les jours. La dame avait pris Angelo en affection, le considérant un peu comme son propre fils, bien qu'elle ait l'âge d'être sa grand-mère.

– Démon, dit-elle en l'embrassant, quand tu découches, je ne peux pas m'endormir !

– *Nona*[1], dit-il en lui rendant son baiser, je

1. Nom affectueux donné aux grands-mères en Italie.

crois bien que de toute façon tu ne dors jamais.

– Ne tarde pas, le poisson est bientôt prêt, et tu sais que ton père n'aime pas attendre pour manger.

– Je sais, je sais. Le temps de me préparer pour tout à l'heure, et j'arrive ! lança Angelo en s'échappant déjà.

– Ne me dis pas que tu sors encore ! dit Giuliana – mais ses paroles résonnèrent dans le vide.

CHAPITRE 6

Vêtu d'un justaucorps ocre, d'un gilet et d'une culotte du même ton, Angelo se rendit d'un bon pas en direction du campo San Francesco della Vigna. C'était en effet là, dans l'une des ruelles courant le long de l'église, que Bernardo Canal avait son atelier. Une petite cour extérieure donnait sur le rio San Francesco, où souvent Angelo et Antonio prenaient un verre en profitant de la fraîcheur de l'eau.

Il traversa la place, plutôt fréquentée en cet après-midi ensoleillé. Quelques nobles devisaient, l'épée à la ceinture, tandis que d'autres marchaient avec nonchalance. Une femme était penchée sur le puits qui trônait au milieu du campo, où l'on recueillait l'eau des pluies ; un homme âgé, chargé de fagots, avançait avec lenteur.

Angelo eut un regard pour le campanile, qui désignait fièrement le ciel d'une flèche aiguisée. Il contourna la monumentale église et pénétra dans une venelle humide, où le soleil ne se glissait qu'à grand-peine. Les Canal étaient une vieille famille vénitienne. Le blason apposé sur le fronton de la maison familiale en attestait. La tête de bouc bleue sur fond argenté accueillait les visiteurs, donnant une certaine noblesse à la demeure.

La porte d'entrée était ouverte, aussi Angelo s'engagea-t-il dans le vestibule. Il délaissa l'escalier en pierre, qui donnait dans l'appartement, pour traverser l'entrée et atteindre l'atelier. De l'extérieur, on ne pouvait pas imaginer l'espace que représentait cette partie de la maison. La grande pièce contenait un fatras inextricable de toiles, de décors de théâtre, de matériel de création en tout genre.

Angelo adorait cet endroit pour tout ce qu'il représentait de désordre organisé. Son père avait le souci presque maniaque du rangement. Il n'admettait pas la moindre dérogation à sa logique, et sa salle d'armes était un modèle de méticulosité.

L'atelier des Canal, lui, débordait de vie, et rien n'amusait plus Angelo que de voir le père et le fils s'y déplacer avec une admirable justesse, retrouvant sans hésitation le pinceau adéquat au milieu d'un amas bigarré d'instruments divers dont le jeune homme ignorait tout à fait l'usage.

Antonio s'y trouvait seul. Il tournait le dos à l'entrée, et n'avait pas vu son ami approcher. Il avait le regard perdu sur l'arrière de la maison, d'où l'on devinait un cours d'eau en enfilade. En face, un balcon fleuri était comme posé sur une façade blanche, au pied verdi par le contact de l'eau. Une barque se balançait avec indolence, attachée à une paline déjà usée.

Mû par un pressentiment, Antonio se retourna. Il sourit à son ami, conservant les mains croisées dans le dos.

– Angelo, tu es là.

– Te voilà bien seul dans ce grand atelier, Antonio Canal.

– Mon père monte une scène pour une réception privée, au palazzo Pisani Moretta. Ses deux apprentis sont avec lui.

– En fin de compte, tu n'auras que peu menti. Cet après-midi, je suis ton seul assistant disponible.

Antonio sourit à la remarque. La visite prévue chez Joseph Smith n'avait pas manqué de l'inquiéter. Il en arriva à se demander s'il avait eu une bonne idée en proposant à Angelo de l'accompagner. Mais une fois de plus, face à son jeune compagnon, il ne douta plus. Comment aurait-il pu l'exclure d'une telle occasion ? Il sourit, puis désigna un rectangle posé contre un pan de mur.

– Voici le tableau. Ne faisons pas attendre notre hôte.

Angelo se souvenait de la toile et des nombreuses esquisses qu'Antonio avait réalisées. Il venait d'inventer sa fameuse boîte noire, et il la mettait au point alors qu'il exécutait le tableau. Ses amis venaient souvent lui rendre visite lorsqu'il travaillait, mettant en scène chaque détail de la place avant les travaux de pavage.

Avec minutie, Antonio avait enveloppé son œuvre de papier épais, puis l'avait ficelée. Le tout dépassait les deux mètres de largeur et un mètre cinquante de hauteur.

Les jeunes hommes soulevèrent le paquet avec précaution, puis se mirent en devoir de rejoindre le palais du commerçant anglais. Celui-ci, situé non loin du Rialto, donnait sur le Grand Canal. Les deux amis durent traverser une nouvelle fois le campo Santi Giovanni e Paolo. En passant devant l'église, Antonio ne put s'empêcher de lancer un regard vers le balcon, vide, où l'attendait son matériel.

Le tableau, avec son cadre, pesait son poids. Ils le posèrent plusieurs fois avant de se trouver devant le palais.

– Je te le répète, dit Antonio à voix basse, pas un mot. Et évite de la regarder comme s'il s'agissait d'une gourmandise, tu m'as bien compris ?

– Mais oui, je sais me tenir, voyons !

– Oui, je le sais, en effet, mais je sais aussi que tu perds le sens à la vue d'une jeune fille. Et crois-moi, ce n'est pas l'endroit pour te laisser aller au badinage.

– Antonio, mon ami, tu m'offenses. Mais comme tu as été généreux envers moi en acceptant de m'emmener ici cet après-midi, je consens à ne pas m'en offusquer.

– *Porca miseria !* dit Antonio en levant les yeux au ciel. Allons-y, et que saint Théodore soit bienveillant avec nous !

Il fit jouer le heurtoir en forme de tête de lion ailé. Peu après, la porte s'ouvrit, laissant place à un tout jeune valet en livrée.

– Veuillez annoncer le peintre Antonio Canal, dit Antonio.

– Mr Smith vous attend, répondit le laquais. Suivez-moi, je vous prie.

Ils empoignèrent une fois de plus l'encombrant tableau, puis tentèrent de ne pas perdre le valet des yeux. Celui-ci semblait prendre un malin plaisir à les distancer, grimpant l'escalier central, puis s'engageant dans une galerie ouverte sur de petites pièces alignées, toutes ornées de toiles, d'eaux-fortes ou de sanguines. Antonio ne savait plus où donner de la tête, tandis qu'Angelo, pressé d'arriver, accélérait le pas.

Ils rejoignirent le valet devant une porte à deux battants. Le jeune serviteur les attendait, la mine impatiente, cependant qu'Antonio lui lançait un regard noir. Dès qu'ils furent à sa hauteur, il toqua à la porte, écouta la réponse, puis s'effaça en écartant les deux pans.

Angelo sentait son cœur près d'exploser tant il était ému. Ils avancèrent de quelques pas dans la pièce luxueuse. L'épaisseur du tableau empêchait Angelo de bien voir, et il guettait l'instant où Antonio lui demanderait de poser leur fardeau.

– Ah, lança Joseph Smith avec force, voici notre peintre ! Entre, entre donc. Appuie ton paquet contre cette porte, et viens nous rejoindre, je vais te présenter à mon ami.

Les deux jeunes gens s'exécutèrent, déposant avec soin le tableau. Puis Antonio se dirigea vers son hôte. Angelo resta en retrait, n'osant approcher. Il en profita pour observer les trois personnes présentes. Celle qui avait parlé, Joseph Smith, était un homme d'une cinquantaine d'années. Il était installé sur un fauteuil cabriolet, et semblait heureux de la vie. Comme il était plutôt corpulent, Angelo le devina jovial et bon vivant. En face de lui était assis un homme bien différent. Maigre, la mine chafouine, il s'appuyait sur une canne au pommeau doré, tout en observant l'arrivant.

Enfin, à son côté, abandonnée dans une bergère, la pose délicate, il reconnut sa belle Anglaise. Son visage s'empourpra d'un seul coup à la vue de la jeune fille. La taille serrée dans une robe à panier blanc cassé, un large ruban rose sur la poitrine, elle déplaça l'émail de ses prunelles vers Antonio, tandis qu'un très discret sourire avait éclos sur ses lèvres.

« Antonio, Antonio, pensa Angelo, mon ami, je te bénis jusqu'à la fin des temps. »

Oubliant les consignes de son compagnon, Angelo ne pouvait se détourner de cette vision angélique. Il la couvait avec une telle insistance que la fille dut le sentir. Elle tourna la tête, avec une infinie douceur, et lia ses yeux à ceux d'Angelo, non sans une certaine surprise.

Durant quelques secondes, le temps cessa de s'écouler. Le bleu de son iris formait un cercle parfait, où l'on devinait la passion prête à s'enflammer. Sa peau était d'une blancheur étonnante, presque diaphane. Et l'expression de son visage trahissait de l'étonnement, mais aussi, crut deviner Angelo, un certain plaisir.

La voix tonitruante de Joseph Smith mit fin à l'échange silencieux. La belle Anglaise détacha ses yeux de lui, comme prise en défaut, et croisa le regard glacé de son père.

– Antonio Canal, que j'aime à appeler Canaletto, à la mode des artistes, est un jeune peintre très prometteur, à mon sens ! lança Joseph Smith à la cantonade. Il va tout à l'heure nous montrer l'une de ses œuvres, sans doute celle que je préfère, une magnifique vue de la piazza San Marco.

L'homme s'était levé, et prenait un plaisir évident à parler de sa découverte.

– Canaletto, je te présente mon vieil ami Owen MacSwiney. C'est un imprésario de théâtre, inutile donc de te préciser qu'il connaît bien les artistes. Il est irlandais, mais, vois-tu, personne n'est parfait !

Antonio s'inclina avec respect devant le peu avenant personnage. Ce dernier n'eut pas le moindre mouvement, se contentant de détailler la tenue du jeune peintre. Comme Antonio se tournait vers la jeune fille, Joseph Smith parut se souvenir de sa présence.

– Oh ! Et voici la plus jeune de ses filles, Emily.

Cette fois, le salut un peu plus appuyé d'Antonio reçut en retour un mouvement de la tête.

« Emily, Emily, pensait Angelo. Quel prénom divin ! »

Joseph Smith proposa à Antonio de prendre place sur le canapé, près de MacSwiney. Le jeune peintre s'exécuta, tandis que l'imprésario continuait de le dévisager sans discrétion. Il n'était, bien entendu, pas question d'Angelo, son statut présumé d'assistant le rendait pour ainsi dire invisible. Sauf aux yeux d'Emily, à qui l'insistance du jeune homme n'avait pas échappé.

La situation convenait assez bien à Angelo, car ainsi il pouvait s'adonner à la contemplation sans retenue de sa belle.

Ne parlant pas un mot d'italien, MacSwiney s'adressa à Joseph Smith en anglais. C'est le marchand qui traduisait pour Antonio.

– Mon ami aimerait voir le tableau avant de parler davantage.

– Assurément ! s'empressa Antonio en se levant. Nous allons le découvrir. Angelo, aide-moi.

Les deux jeunes gens échangèrent un regard, et Angelo comprit tout de suite que son ami l'avait nommé à l'intention d'Emily. Ils s'employèrent à dénuder la toile, puis se placèrent chacun à une extrémité, tenant le tableau à l'horizontale.

Joseph Smith et son invité se levèrent pour prendre la mesure de l'œuvre, tandis qu'Emily restait assise, le visage tourné vers la peinture.

La scène peinte par Antonio était magnifique. La piazza San Marco était représentée selon un point de vue élevé, celui d'un observateur situé au deuxième étage d'un édifice donnant sur l'église. On pouvait y voir la basilique, avec son campanile, et les Procuraties[1], de chaque côté.

MacSwiney abandonna un instant son air pincé, et son expression devint admirative. Il

1. Arcades qui ornent le bas du palais des procurateurs de Venise, et constituent des promenoirs autour de la place Saint-Marc.

avança d'un pas, ne quittant pas le tableau des yeux, à l'évidence conquis, puis prononça une phrase en irlandais.

– Il dit que c'est prodigieux, traduisit Joseph Smith. Qu'il n'a jamais vu quelque chose de semblable.

Il était vrai que, sans le savoir alors, Antonio venait d'inventer un genre : il devenait un peintre védutiste[1] urbain, et allait au fil du temps encore améliorer son art.

Angelo observait l'imprésario, heureux de la réaction provoquée par le travail de son ami. Mais il revint vite à sa préoccupation première, et il eut la surprise de voir qu'Emily le fixait ouvertement. Il soutint un instant son regard pénétrant, puis la jeune fille détourna le visage, dans une moue coquette. Angelo était bouleversé. Il redoutait plus que tout de perdre le contrôle de lui-même, de se jeter aux pieds d'Emily, de lui avouer son

---

1. Peintre qui réalise des tableaux très détaillés, en général de grand format, d'un paysage urbain ou d'autres panoramas.

amour inconditionnel. Et s'il ne le faisait pas, il en deviendrait fou.

Antonio dut sentir l'agitation qui naissait chez son ami, car il prit à son tour la parole, assez fort pour être certain d'être entendu par Angelo.

– Mr Smith, remerciez votre ami pour ses compliments. Je suis désolé, mais je dois à présent partir, mon père m'attend pour une commande urgente.

– Je comprends, je comprends, dit le collectionneur. Tu peux laisser ton tableau ici, je pense que MacSwiney serait heureux de l'examiner un peu. Je te le ferai rapporter chez toi ce soir.

CHAPITRE 7

Dès qu'ils furent dehors, Antonio se lança à grands pas à l'assaut de la place. Angelo le suivait, interdit.

– Mais enfin, quelle mouche t'a donc piqué ?

– Quelle mouche m'a donc piqué ? Tu t'es conduit de la manière la plus insolente et tu me demandes quelle mouche m'a donc piqué ?

– Je ne comprends pas, Antonio, j'ai suivi tes consignes à la lettre. Je n'ai pas dit un mot, je suis resté près du tableau, pour ne pas te déranger, et…

– Et ?

– Et rien, je ne l'ai pas regardée comme si c'était une gourmandise !

– Ah ! Tu veux rire, je suppose ?

Le jeune peintre traversait les places et les rues sans dérager. Angelo connaissait les emportements de son ami, et il savait que la meilleure façon d'y répondre était encore d'attendre qu'il se calme. Il savait aussi que ses colères étaient de courte durée.

Un peu plus loin, Antonio se retourna une nouvelle fois.

– Te rends-tu compte, Angelo, que tu n'as pas cessé de la fixer, à tel point que nous en étions tous gênés ?

– Il est possible qu'un ou deux de mes regards se soient égarés vers elle, mais tout de même, tu exagères.

– Tu trouves que j'exagère ? J'ai la chance – que dis-je ? –, l'honneur d'être invité chez un grand collectionneur anglais, qui tient à présenter mon travail à un autre collectionneur, irlandais celui-là. Je m'y rends, pour mon malheur, avec toi, et tu ne trouves rien de plus judicieux que de dévisager la plus jeune fille du second, en l'accablant de tes œillades libertines !

– Antonio, tu…

– Pas un mot ! Ce MacSwiney aurait pu se scandaliser de ton attitude, et Joseph Smith nous faire chasser comme des malpropres !

– Antonio, tu…

– Je quoi ? dit le peintre en criant.

– Tu as raison. C'est vrai, tu as raison, je ne me suis pas bien conduit, mais au moins, as-tu remarqué la douceur de son visage ? As-tu deviné le satin de sa peau ? N'as-tu pas frissonné en voyant ses yeux ?

– Non, mon jeune ami, dit Antonio en secouant la tête, figure-toi que je n'avais pas la tête à de telles fadaises. J'essayais de t'empêcher de commettre l'irréparable.

Antonio se remit en marche, cette fois un peu moins vite. Ils atteignirent le campo Santi

Giovanni e Paolo, où le peintre s'arrêta, le regard tourné vers le balcon qu'il occupait le matin même. La silhouette d'une femme en rouge était penchée sur sa boîte noire.

– Tiens, dit Angelo, on dirait que ta propre fadaise s'intéresse aussi à ton travail. Mais celle-ci n'est pas anglaise.

– Ta fadaise non plus, dit Antonio en le regardant. Je te rappelle qu'elle est irlandaise.

– Antonio, n'est-elle pas absolument divine ?

– Elle est belle, je te le concède. Mais je t'exhorte tout de même à la prudence.

Angelo empoigna son ami par l'épaule, heureux de le voir dans de meilleurs sentiments à son égard.

– N'aie crainte, la passion me guide.

– C'est bien ce qui m'inquiète ! Bien, je vais retourner un instant à mon travail. Retrouvons-nous ce soir chez Lucia, comme convenu.

Lorsqu'ils se séparèrent, la femme en rouge avait déserté le balcon.

Une foule bruyante et masculine avait envahi la *Ca' del Dose*. En plus de Zamira, deux jeunes filles du voisinage étaient venues prêter main-forte à Lucia. La tenancière était une maîtresse femme. Elle avait toujours décidé de la conduite de sa vie. Elle avait ainsi refusé le mari que ses parents lui avaient choisi, pour rester travailler avec eux à l'auberge. À leur mort, elle était naturellement devenue la patronne, chérissant trop son indépendance pour s'aliéner à un époux. Et lorsqu'elle avait besoin d'aide, c'était des jeunes filles qu'elle préférait avoir près d'elle.

Angelo entra, et s'installa à la table où l'attendaient déjà Giovanni et Mirko. Lucia vint elle-même leur apporter un flacon de vin rouge et resta auprès d'eux tandis qu'Angelo racontait la visite chez Joseph Smith. Il ne manquait plus qu'Antonio pour compléter la bande.

– Mais que fait donc notre Antonio ? Es-tu certain qu'il va nous rejoindre ?

– Tout à l'heure, lorsque je l'ai laissé aller

chez cette femme en rouge, il m'a promis qu'il serait là, assura Angelo.

– Une femme en rouge ! s'écrièrent en chœur les deux autres. Que veux-tu dire ?

– Rien du tout, il m'a fait promettre de n'en pas parler.

– Prétendrais-tu qu'Antonio ait enfin découvert les vertus de l'amour ? demanda Giovanni, goguenard.

– N'insistez pas, ajouta Angelo, un sourire facétieux aux lèvres, je ne vous dirai rien.

– Revenons donc à ta belle Anglaise, dit Giovanni. Sais-tu au moins combien de temps elle doit demeurer à Venise ?

– Elle est irlandaise, Giovanni.

Le jeune homme effaça la remarque d'un geste de la main, signifiant que cette question était sans importance.

– Peu me chaut qu'elle soit irlandaise, anglaise ou même exotique !

– J'ignore tout d'elle, mon bon Giovanni. Tout ce que je sais, c'est qu'elle a posé ses yeux sur les miens, et que ce faisant, elle a à tout jamais pris possession de moi. Je ne pourrai plus m'endormir ailleurs que dans ces yeux-là.

– Bien, soupira Mirko, te voilà donc enamouré sans remède. Il faut agir, mon ami, au risque de te dissoudre la cervelle dans les regrets. Je crois… mais voilà enfin Antonio !

Mirko fit de grands signes du bras pour attirer le peintre, qui s'installa à la place restée libre. Son verre fut aussitôt empli du vin sombre, qu'il but d'un trait.

– Eh bien, Antonio, dit Giovanni, ne t'es-tu pas assez désaltéré de cette femme en rouge ?

– Quelle femme en rouge ? lança aussitôt Antonio, avant de comprendre.

Il se tourna vers Angelo, lui jetant un regard sombre.

– Qu'es-tu encore allé colporter comme âneries ? Ne t'es-tu pas assez illustré cet après-midi ? Vous a-t-il raconté combien il s'est montré inconvenant envers mon hôte, et surtout son invité ?

– Oui, Antonio, dit Angelo, je leur ai tout expliqué. Par contre, je ne leur ai rien révélé à propos de la belle femme en rouge chez qui tu te rends tous ces derniers jours.

– *Porca miseria !* dit Antonio en feignant de s'énerver. Tu mériterais que…

Il suspendit son geste, l'achevant en une étreinte amicale. Il joignit son rire à celui des autres, et décida de se détendre.

– Cette femme en rouge me prête son balcon pour mon travail d'esquisse, voilà tout. Figure-toi que Joseph Smith est venu m'y rencontrer tout à l'heure. C'est la raison de mon arrivée tardive.

Angelo pâlit en entendant ces mots. S'il lui était à peu près égal d'avoir offusqué le peu amène MacSwiney, il s'en serait voulu d'avoir causé des ennuis à son ami.

– T'a-t-il parlé de notre visite ?

– Bien entendu, dit Antonio avec une pointe d'humeur feinte. De quoi d'autre voulais-tu qu'il m'entretienne ?

Plus personne ne parla à la table. Lucia avait depuis peu abandonné leur compagnie pour retourner à son ouvrage, et les garçons ne savaient plus trop si Antonio était fâché ou pas. Mirko, qui détestait plus que tout le silence, n'y tint plus :

– Bien, Antonio, dis-nous ce qui s'est produit. Si ton Joseph Smith en a après Angelo, c'est après nous tous qu'il en aura. Et s'il t'en veut, à toi, c'est qu'il ne mérite pas ton estime !

– Calme-toi, Mirko, dit Angelo. Antonio est mon meilleur ami. J'irai présenter mes excuses à Joseph Smith, et s'il le faut, me mettre à la disposition de MacSwiney.

Le fin sourire qui orna alors les lèvres d'Antonio n'échappa pas aux trois jeunes hommes, qui se rassurèrent tout à coup.

– Assurément, dit le peintre, je suis fier de vous avoir pour amis. Plus encore, vous m'honorez. Joseph Smith est venu me dire que… Owen MacSwiney était décidément émerveillé par mon tableau.

– Émerveillé ? En vérité ? demanda Giovanni.

– C'est le mot qu'il a employé. Il voudrait voir d'autres de mes œuvres, et il aimerait que je puisse aller un jour en Grande-Bretagne, y peindre leurs monuments.

– Mais c'est admirable, Antonio ! dit Angelo. Je suis heureux pour toi. Tu le vois, la fortune te sourit. Nous savions tous ici que tu allais devenir un grand peintre.

– Allons, ne nous emportons pas, tempéra Antonio. Pour l'heure, ce ne sont que paroles.

– Et… à propos de paroles, Joseph Smith ne t'a donc rien dit à mon sujet ? demanda Angelo.

– J'ai bien failli commencer par lui présenter mes plus humbles excuses, tant j'étais persuadé qu'il venait se plaindre de ton attitude. Mais devant son silence, j'ai supposé qu'il n'en avait pas été question après notre départ.

Ils burent en chœur, en l'honneur d'Antonio, le futur Canaletto, en l'honneur de la Grande-Bretagne, et en l'honneur des belles Irlandaises.

La soirée avançant, les flacons se succédèrent, et, déjà, les esprits en émoi s'échauffaient.

– Donc, dit Mirko, comment penses-tu procéder à présent, jeune Dallacasagrande ?

– Que veux-tu dire ? l'interrogea Antonio.

– Je veux dire que notre Angelo, après cette première rencontre, ne doit pas en rester là. Approcher Emily a été sans doute un grand moment, mais il ne constitue que le prélude de son histoire.

– Le prélude, tu as raison, marmonna Giovanni, qui avait peut-être moins que les autres l'habitude du vin et qui promenait son regard vitreux de l'un à l'autre.

– Mais vous perdez le sens ! s'emporta Antonio. Il est déjà miraculeux que cette visite ne se soit pas achevée dans l'offense, ne croyez-vous pas qu'il serait bon, au contraire, d'en rester là ?

– Non non… balbutia Giovanni. Mirko a raison, ce n'est que le prélude.

– Angelo, reprit Antonio, dis-leur, que ce

serait un suicide d'aller au-delà de cette rencontre. Je ne suis pas d'accord !

– Mais tu n'es jamais d'accord dès lors qu'il s'agit d'un peu d'audace ! dit Mirko, s'échauffant à son tour. Vivons, par le ciel, vivons, avant de nous apercevoir qu'à force de raison nous sommes déjà morts !

Un nouveau silence s'abattit sur la table. Dès que Mirko évoquait la mort, ce qui survenait parfois, personne n'osait le contredire. Ils burent encore un peu, puis Angelo déclara enfin :

– Je veux la revoir.

Le ton doux de sa voix surprit tout le monde. Antonio réagit le premier :

– Non, Angelo, tu…

– Je dois la revoir, Antonio, mon ami, il ne s'agit pas de savoir si j'en ai vraiment le désir, si l'entreprise est périlleuse ou si j'y risque même ma vie. Comprends-tu, je dois la revoir. Ce soir. Cette nuit.

– Cette nuit, tu as raison, dit Giovanni. Allons voir la belle Irlandaise Emily cette nuit.

– Je renonce à poursuivre avec vous dans cette voie, énonça Antonio, qui resta assis.

– Mirko, dit Angelo, toi qui le sais, n'est-il pas vrai que je n'y puisse rien changer ?

– Je le sais, Angelo. Ce soir, cette nuit, nous te conduirons chez elle.

– Chez elle, chez elle ! s'énerva Antonio. Mais auriez-vous oublié où elle loge ?

– Elle loge, expliqua Giovanni, chez le marquis Grimani, dans le palazzo Grimani de San Luca. Le palazzo Grimani de San Luca se trouve…

– C'est bien, Giovanni, dit Antonio, nous savons tous ici où se trouve le palazzo Grimani. Convenez pour le moins qu'il sera impossible d'y pénétrer, l'entrée est bien gardée et… mais que suis-je en train de raconter ? Pourquoi faut-il donc que je vous écoute ? Renoncez, c'est un fol projet, je n'en serai pas.

– Tu as raison, Antonio, dit Giovanni à demimot, c'est un fol projet. Mais moi, j'en serai.

– Et moi aussi ! lança Mirko avec joie.

– Mais enfin, insista Antonio, vous n'y songez pas ? Le palazzo Grimani est une forteresse. Quand bien même nous le voudrions, il n'est pas pensable de nous y introduire.

Le « nous » employé par Antonio n'échappa à personne, sauf peut-être à Giovanni, mais personne ne le releva.

– Moi, dit justement Giovanni, je connais le palazzo Grimani.

– Nous le connaissons tous ! s'agaça Antonio.

– Non non, je veux dire que je le connais bien. Avec mon père, nous sommes allés, il y a quelques mois, poser des dalles de marbre pour rehausser un escalier.

CHAPITRE 8

La révélation de Giovanni eut pour effet d'instaurer un long moment de silence. Antonio aurait préféré ne pas relever les paroles de l'apprenti marbrier, tandis qu'Angelo et Mirko y voyaient un espoir inattendu. Giovanni rompit le mutisme général, tout en se versant un autre verre de vin.

– Oui, je sais comment on pourrait s'introduire dans le palais.

Mirko lui prit le verre des mains, juste avant qu'il n'atteigne ses lèvres.

– Gino, écoute, il vaudrait mieux que tu restes

lucide, au moins encore un peu. Tu crois vraiment qu'on pourrait entrer dans le palais, sans se faire surprendre ?

– Mais bien sûr que non ! lança Antonio, d'un ton peu assuré.

Personne ne l'écouta, et les autres restèrent suspendus aux explications de Giovanni.

– Pour moi, le seul moyen est de s'approcher du palais par le côté, c'est-à-dire depuis le rio San Luca.

– Tu veux dire, depuis l'arrière ? suggéra Mirko.

– C'est exact. Il faut prendre le rio San Moise, puis le rio dei Barcaroli, et on pénètre dans le rio San Luca.

– Merci, fit Antonio avec humeur, nous aussi, on connaît les canaux de Venise.

– Tais-toi donc, rabat-joie ! dit Mirko. Tu vas finir par le vexer.

– C'est vrai, dit Giovanni en faisant la moue, je vais finir par te vexer. Non, tu vas finir par te… non, je vais…

– Par pitié, dit Antonio, vous voyez bien que ce garçon est ivre, comment pouvez-vous encore l'écouter ?

– Alors là, dit Giovanni un peu plus fort, je vais vraiment te vexer, si je continue !

– Ne l'écoute pas, dit Mirko, et poursuis, mon ami.

Giovanni mima la contrariété, puis tenta de récupérer son verre de vin.

– Après, dit Mirko en éloignant la boisson, dis-nous d'abord comment entrer chez les Grimani.

– Une fois sur le côté du palais, on peut se coller à la façade. Et depuis cet endroit, il est possible de grimper le long des colonnettes. Il suffit de prendre appui sur les linteaux des fenêtres, puis d'atteindre le balcon. Je peux avoir mon verre, maintenant ?

– Attends, intervint Angelo, et ensuite, une fois sur le balcon ?

– Tu m'as bien dit que ta belle Emily était sortie sur le balcon, par la façade avant ?

Angelo acquiesça d'un hochement de tête.

– C'est là que se trouve l'appartement réservé aux visiteurs. En vérité, la belle Irlandaise devait sortir de sa chambre lorsque tu l'as aperçue. Mirko, donne-moi ce verre.

Pendant que Giovanni aggravait un peu son ivresse, Angelo se mit à rêver. Sa chambre. Il se voyait déjà toquant aux carreaux. Emily, assise, le visage plongé dans un livre, levant sur lui ses yeux d'un bleu irréel, puis lui souriant.

– Angelo, dit Antonio dans une ultime tentative, je lis dans tes yeux où tu t'égares à cet instant. Et je t'en conjure, oublie cette entreprise insensée. Je ne serais pas ton ami si…

– … si tu ne venais pas avec nous ? termina joyeusement Mirko.

– Si je ne t'empêchais pas de commettre cette folie. Sais-tu où cela va te conduire ?

– Au paradis, Antonio, déclara Angelo dans un souffle.

– Dis plutôt en enfer ! C'est décidé, ce sera sans moi !

La nuit était tombée depuis deux heures au moins lorsqu'une curieuse embarcation ondoya le long du rio dei Barcaroli. La barque de pêcheur, manœuvrée à la perche par Mirko, glissait sans un bruit le long du canal éclairé par une lune presque pleine. À son bord, en plus du propriétaire, se tenaient trois garçons, tous vêtus de noir : Giovanni, à peine dégrisé, malmené par les ondulations de l'esquif, tentait de conserver un semblant de dignité ; Angelo, le cœur sur le point d'exploser, voyait peu à peu s'approcher l'instant où il connaîtrait enfin le bonheur ; et Antonio… qui les accompagnait dans le but, disait-il, de les convaincre de renoncer.

Depuis le rio San Luca, où ils venaient de pénétrer, on devinait, dans le fond, le Grand Canal. Ils passèrent sous trois ponts successifs, non sans être observés avec amusement par des personnages de carnaval, eux-mêmes en expédition amoureuse.

Enfin, ils parvinrent, tout près de l'embouchure, au palazzo Grimani. Giovanni avait raison : le bas de la façade baignait dans l'eau et ne pouvait, de ce fait, être gardé de ce côté. La proximité du palazzo Corner Contarini, juste en face, plongeait cet endroit précis dans une semi-pénombre, de bon augure pour leur entreprise.

– Je maintiens, chuchota Antonio, que c'est pure folie. Angelo, mon jeune ami, renonce, il est encore temps.

Mirko secoua la tête, tandis qu'Angelo était déjà debout. Il posa les deux mains à plat sur la pierre blanche et leva le visage vers le balcon, deux étages plus haut. Puis il se retourna lentement.

– Antonio, je dois le faire. Je dois la voir, lui parler. Ensuite, je te le promets, je reviendrai. Je ne veux rien d'autre que lui dire mon amour, et, je l'espère, entendre d'elle des paroles d'espoir.

– Je… je devrais peut-être venir avec toi, bredouilla Giovanni, je connais les lieux.

– Non, Gino, je ne crois pas, dit Angelo. Je crains que ton esprit ne soit encore un peu embrumé. C'est ma quête. Je monte seul.

Joignant le geste à la parole, Angelo entreprit l'ascension. En s'aidant d'une colonnette, il parvint à poser un pied, puis l'autre sur le linteau de la première fenêtre. La seconde, juste dans l'alignement, était plus petite. Il s'appuya sur la tablette, et se hissa jusqu'au deuxième linteau. Ses amis suivaient sa progression, tandis qu'il s'accrochait à la balustrade du balcon. Ils retinrent un cri lorsque ses pieds quittèrent la pierre, pour se balancer dans le vide. Par une traction des bras, il parvint à se rétablir et à enjamber le balcon. Angelo leur fit un signe, puis ils le perdirent de vue.

Le balcon courait le long de la façade avant, celle donnant sur le Grand Canal, et sur les deux côtés du palais. Angelo se trouvait alors juste devant une fenêtre aux tentures tirées. Il avança avec prudence, dépassant une deuxième ouverture, elle aussi opaque. Lorsqu'il eut atteint l'angle du bâtiment, il se pencha pour avoir une vue sur le Grand Canal. Des ombres glissaient, furtives, qu'il reconnut comme des gondoles fermées. À l'intérieur, d'élégantes dames et des messieurs richement vêtus se rendaient à quelque rendez-vous galant, assurément illégitime. Cette circulation clandestine semblait s'organiser à ces heures indues, et le silence était la règle.

Craignant d'être aperçu, Angelo reprit sa position le long de la pierre encore tiède des ardeurs du jour, et s'engagea dans la partie la plus exposée du palais.

Sur ce versant se trouvaient cinq ouvertures, disposées à égale distance les unes des autres : deux fenêtres à chaque extrémité, entourant une porte, plus large. Angelo dépassa les deux premières baies. La seconde offrait une vue sur l'intérieur, plongé dans la pénombre. Le jeune homme put néanmoins y distinguer quelques meubles, et il lui sembla qu'au fond une masse noire pouvait bien être un lit.

Cette vision fit battre son cœur un peu plus fort et, soudain, il prit la mesure de ce qu'il était en train de faire. Il allait s'introduire dans la chambre d'une jeune fille, en pleine nuit. Jeune fille qui ne le connaissait pas, pour ainsi dire. Cette pensée se mêla aux recommandations d'Antonio, et il hésita. Non qu'il eût peur, cette sensation lui était à peu près inconnue, mais il songea à la réaction d'Emily devant son apparition. Elle allait sans doute être effrayée, peut-être fâchée par son intrusion.

Le visage collé contre la vitre, il s'habituait au noir. Il crut déceler, dans la masse sombre, un infime mouvement, comme une respiration soulevant une forme. Subitement, les traits de Mirko lui apparurent en pensée. Son ami semblait l'exhorter à poursuivre, à ignorer le doute et à vivre son rêve, dans la conviction absolue que celui qui osait pouvait avoir des remords, mais pas de regrets.

Alors, il n'hésita plus. Il franchit d'un bond la distance qui le séparait de la porte à deux battants et posa la main sur la poignée.

Au pied de la façade, la barque n'avait pas

bougé. Antonio était dans tous ses états, présageant déjà du pire.

– C'est incroyable ! Comment ai-je pu le laisser se fourvoyer en un chemin semblable ? Il ne revient pas, c'est qu'il aura été pris, c'est certain !

Giovanni avait fini par s'endormir, bercé par les balancements cadencés de la barque. Il ronflait avec application, les mains croisées sur le ventre.

Mirko, lui aussi, était plus inquiet qu'il ne voulait bien le laisser paraître. Il savait quelle responsabilité il avait dans la décision d'Angelo, et même s'il ne reniait pas ses idées, il n'aurait pas voulu que son ami, par sa faute, ait des ennuis.

– Tais-toi donc, oiseau de mauvais augure, dit-il à Antonio. Il est encore trop tôt pour tirer des conclusions. Je ne pense pas qu'il soit déjà entré.

– Mirko, si jamais il se fait prendre, tu sais comme moi ce qui le menace, n'est-ce pas ?

– Bien sûr que je le sais ! répondit le garçon d'un ton agacé. J'espère qu'il sera prudent.

– Depuis quand est-il parti ?

– Cela fait à peine quelques instants. Laissons-lui encore un peu de temps.

– Et ensuite ?

La question resta sans réponse, mais on devinait l'angoisse qui croissait dans la barque, à part chez Giovanni, qui rythmait l'attente par ses ronflements bruyants.

Angelo fut presque surpris de voir la poignée jouer. Il s'était imaginé que la porte serait verrouillée, mais il supposa que personne n'était censé se trouver à cet endroit. Il poussa le battant avec d'infinies précautions. Un minuscule grincement interrompit son geste, mais rien ne bougea dans la pièce. Il poursuivit, puis pénétra à pas feutrés dans la demeure.

Dès que ses yeux se furent habitués à la pénombre, il comprit qu'il était bien dans une chambre. Et, à en juger par le parfum qui y régnait, c'était une chambre de jeune fille. Il n'aurait pu jurer qu'il s'agissait du parfum d'Emily, ne s'étant jamais trouvé assez proche d'elle pour en juger, mais il était prêt à le parier tant son cœur lui disait qu'il était au bon endroit.

Dans l'angle, à sa gauche, la masse sombre se détachait du mur orné d'une tapisserie claire. C'était un lit, à n'en pas douter. Il ne percevait plus le lent mouvement, mais il ne savait plus s'il l'avait vu vraiment ou bien imaginé.

Si près de son but, il hésita. Allait-il la secouer doucement, pour l'éveiller ? Devait-il plutôt lui parler, lui susurrer des mots doux à l'oreille ? Ne devrait-il pas en rester là, et s'en retourner ?

Il considéra cette dernière option. Il n'était pas arrivé jusque-là pour renoncer. Pourtant, il redoutait que, sous la surprise, elle ne se mette à crier, alertant les domestiques de la maison. Il choisit de lui parler d'abord, puis, si elle faisait mine de s'affoler, de lui bâillonner la bouche à l'aide de sa main.

Le sang lui battait les tempes à mesure qu'il approchait du lit. Le parquet craquait par endroits et, à chaque pas, il croyait voir sa tête blonde se soulever. Enfin, il fut tout près d'elle. Il chuchota :

– Emily. Emily, c'est moi, Angelo.

Comme rien ne bougeait, il insista, un peu plus fort :

– Emily, je vous en conjure, éveillez-vous !

Il prononça le dernier mot d'une voix presque normale, mais aucune réaction ne vint troubler l'arrangement parfait des draps. Il décida alors de la toucher. Le visage en feu, il tendit le bras, mais ne rencontra que le traversin. Interdit, il promena sa main sur le lit, et comprit qu'il était vide.

CHAPITRE 9

La déception le disputait à la surprise. Avoir franchi tout ce chemin pour se retrouver dans une chambre vide lui apparut comme du dernier ridicule. Si la prudence lui commandait de retourner à la barque, il devait au moins s'assurer qu'Emily n'était pas dans le palais, et alors seulement il consentirait à partir.

La porte de la pièce n'était pas verrouillée non plus. Il l'écarta avec précaution, puis avança dans un sombre couloir. Il pouvait distinguer des voix venant du niveau inférieur. Le palier où il se trouvait formait une mezzanine, d'où partait un large escalier de marbre aux marches recouvertes de velours rouge. Le fameux escalier rehaussé par Giovanni, songea Angelo. Il s'approcha du balcon, afin d'apercevoir ceux qui se trouvaient plus bas, dans la lumière des candélabres.

– Que fais-tu là, maraud ?

La voix, forte, lui glaça le sang. D'un bond, il fut sur ses gardes. En face de lui, de l'autre côté du balcon, se tenait un noble. Malgré la faible luminosité, Angelo pouvait distinguer ses traits courroucés, et tandis qu'il se demandait où il avait déjà vu ce visage, l'homme était sur lui. C'est alors qu'il reconnut le marquis.

Grimani, lui aussi, semblait se demander d'où il connaissait l'intrus. Le visage empourpré, le marquis empoigna Angelo par le col de son habit, entendant le pousser vers l'escalier. Angelo se dégagea d'un mouvement brusque, qui étonna son adversaire. Celui-ci, comprenant qu'il n'aurait pas le dessus sur le jeune homme, préféra appeler à l'aide.

– À moi ! À moi ! Un voleur !

Très vite, le silence se fit en bas, et deux hommes, des domestiques, se lancèrent à l'assaut des marches. Ils étaient suivis par un autre noble. Angelo identifia aussitôt l'individu qui accompagnait le marquis, le matin même, lorsqu'il l'avait bousculé sur la piazza San Marco.

Les deux serviteurs arrivèrent, ne sachant à quoi s'attendre.

Prestement, Angelo tira sa dague, glissée dans son dos. Il entendait bien se défendre. Les trois hommes, le marquis et ses deux valets, l'acculèrent dans un angle. Mais Angelo se trouvait tout près de la chambre d'Emily. Il calcula qu'il lui suffirait de bondir vers la porte, d'où, avec de la chance, il parviendrait à rejoindre le balcon, et de là, à sauter dans le Grand Canal.

Il allait mettre son projet à exécution lorsqu'il aperçut, à mi-hauteur de l'escalier, la silhouette élancée d'Emily. La jeune Irlandaise le regardait, comme partagée entre la frayeur et l'étonnement. À son regard, Angelo comprit qu'elle l'avait reconnu.

Ce temps d'hésitation lui fut fatal. Grimani, devinant sans doute ses intentions, cria :

– Empêchez-le de fuir ! La porte ! Empêchez-le de sortir par la porte !

Aussitôt, l'un des laquais se plaça devant l'entrée de la chambre, lui interdisant toute retraite.

– Comte ! cria Grimani. Votre épée !

Le comte Farsetti, en visite, n'avait pas quitté son arme. Il observa tour à tour Angelo et le marquis.

– Grimani, dit-il enfin, faites appeler les archers[1], cela suffira.

– C'est la deuxième fois aujourd'hui que j'ai affaire à lui, dit le marquis. N'avez-vous donc pas décelé, dans les traits de ce faquin, ceux de l'impertinent qui m'a, ce matin, provoqué sur la piazza San Marco ?

1. Corps de policiers sous l'autorité de l'État.

Angelo lut sur le visage du comte qu'il allait répondre au marquis, mais il se ravisa. À contrecœur, il tira son épée, la prit par la lame, puis la tendit à Grimani.

– Écartez-vous, à présent, dit le marquis en fouettant l'air. Voyez, Miss Emily, comment nous corrigeons les coquins à Venise.

Emily, rejointe par MacSwiney, porta les mains à son visage. L'étonnement céda la place à une peur véritable. Elle ignorait comment le jeune homme s'était introduit dans le palais, mais elle commençait à se douter de la raison de sa présence. Et bien qu'elle ne le connaisse pas, hormis les quelques regards qu'ils avaient échangés, elle ne tenait pas à assister à un règlement de compte dans le sang. Elle se blottit dans les bras de son père, et détourna la tête de ce qui devenait une scène de bataille.

Les domestiques se retirèrent, laissant Angelo face au marquis. Le jeune garçon tourna les yeux vers la porte de la chambre, de laquelle le laquais qui la gardait s'était lui aussi écarté, mais jugea qu'il n'aurait pas le temps de se glisser dans la pièce – l'épée du marquis l'aurait rejoint bien avant qu'il n'en franchisse le seuil.

N'ayant plus d'autre choix, il fit face, la dague pointée devant lui. Grimani était lui-même un assez bon bretteur de salle d'armes, mais il ne s'était jamais illustré dans des combats réels. Il devina chez son jeune adversaire une certaine habitude du maniement des armes, mais son avantage lui semblait tel qu'il effaça toute appréhension.

Il choisit toutefois d'attaquer de loin, et se fendit, visant le cœur. Le coup, sans préparation, n'avait que peu de chance d'atteindre son rival, mais il avait pour but de l'impressionner et de jauger sa réaction.

Angelo ne se laissa pas surprendre, sinon par la naïveté de l'attaque. À la place du marquis, il aurait sans doute feinté, une ou deux fois, puis aurait porté un coup au bras. Il para sans difficulté. S'il y avait eu égalité dans l'armement, il aurait enchaîné par une contre-attaque au flanc, et il était certain, compte tenu de la lenteur du marquis, de le toucher. Mais là, il ne pouvait qu'esquiver les coups de plus en plus pressants du noble, sans être à même de lui donner la pareille. À deux reprises, il dut encore contrer avec la dague.

Son impuissance à toucher le garçon commençait à exaspérer le marquis. Il n'osait pas trop s'approcher de lui, car il devinait qu'Angelo possédait une certaine science de l'escrime, et il ne voulait pas risquer de se faire toucher par sa dague.

De plus en plus impatient, Grimani sentait qu'il se couvrait de ridicule. En effet, Emily quittait peu à peu les bras protecteurs de son père et observait la scène une pointe d'amusement sur les lèvres. Le jeune aristocrate jetait des regards gênés vers l'assistance, comme pour signaler qu'il n'allait pas tarder à régler cette situation pour le moins embarrassante.

Mais Angelo ne faiblissait pas, et guettait le moment propice pour porter à son tour une attaque. L'énervement, lui répétait son père, est le pire ennemi de l'escrimeur, bien plus que son adversaire. Il s'évertuait donc à conserver son calme, attendant l'instant où le marquis commettrait une erreur.

Il la commit peu après, lorsqu'il voulut abréger le combat, en venant au corps. Angelo anticipa le coup et se retourna d'un mouvement vif. La lame de Grimani, surpris, fendit l'air, tandis qu'Angelo retournait déjà la dague, prêt à l'enfoncer dans l'estomac de Grimani. C'était la suite logique de la botte, mais, au dernier moment, le garçon échangea son geste meurtrier contre un violent coup de coude, qui plia le marquis en deux.

Angelo se dégagea en pivotant, tandis que le noble, le genou à terre, essayait de retrouver son souffle. Dans sa chute, il lâcha son épée, mais personne n'osa s'en saisir. Elle se trouvait trop près des deux domestiques pour qu'Angelo puisse le faire, et les laquais eux-mêmes attendaient les ordres du marquis.

C'était là la chance du garçon. Grimani se releva péniblement, puis avança pour récupérer son arme. Il s'éloignait ainsi de la porte de la chambre d'Emily, lui laissant le passage pour s'enfuir.

Au moment où Angelo s'élançait, la porte s'ouvrit, interrompant sa course.

– Mirko ! Mais tu es fou, pars vite !

Le jeune pêcheur embrassa la scène du regard, essayant de la comprendre. Il vit tour à tour son ami, la dague à la main, puis le marquis armé d'une épée, les domestiques, l'escalier occupé par le comte, Emily et son père. Entre-temps, deux autres laquais les avaient rejoints, prêts eux aussi à intervenir.

Mirko n'eut pas le temps de répondre. Le premier moment de surprise passé, Grimani ordonna :

– Emparez-vous d'eux ! Par tous les moyens, mais ne les laissez pas échapper !

C'était le signal qu'attendaient ses gens. Les quatre hommes se placèrent en demi-cercle face aux intrus.

Angelo rejoignit son ami et se posta devant lui. Il savait que Mirko n'avait pas d'arme et qu'ils risquaient gros, tous les deux, à se faire prendre.

– Mirko, mon frère, tu n'aurais pas dû venir. Fuis ! Pars aussi vite que tu le peux !

– Mais toi ?

Angelo parvenait à tenir les quatre domestiques à distance, qui l'avaient vu à l'œuvre avec le marquis et redoutaient les mouvements de sa dague. Mais il savait bien qu'il ne pourrait tenir longtemps cette position.

Grimani se tenait en retrait, lui aussi méfiant face à ce diable qui le tenait en échec devant ses invités.

– Attrapez-les ! Par le sang de Dieu, attrapez-les ou je vous fais pendre !

Le cercle se refermait peu à peu et l'issue était proche. Angelo avait bien pensé suivre Mirko par la porte, mais il n'aurait pas le temps de se retourner que les laquais auraient été sur lui. Puis son regard croisa celui d'Emily. La jeune fille l'observait, et toute frayeur déserta ses traits. À la place, Angelo crut y déceler de l'admiration. Ou peut-être l'imagina-t-il. Dès lors, il ne pouvait plus se sauver, et passer pour un lâche aux yeux de sa belle.

– Mirko, je t'en conjure, pars maintenant.

– Mais toi ? répéta le pêcheur.

– Nous nous reverrons.

Il poussa son ami dans la chambre et s'adossa à la porte, qui claqua dans un bruit sec. Angelo avança, faisant siffler la courte lame de sa dague. Il donnait ainsi le temps à Mirko de quitter la chambre et de rejoindre la barque où l'attendaient leurs compagnons.

Jugeant que la situation avait assez duré, le comte Farsetti se dirigea vers Grimani. La détermination se lisait sur son visage, et lorsqu'il tendit la main, le marquis y déposa son épée. Il bouscula deux des domestiques et se planta devant Angelo.

Le garçon reconnut la tenue de l'arme et la position. Il supposa aussitôt que l'homme était d'une autre trempe que le marquis. Cette fois, songea-t-il, il aurait à défendre sa vie pour de bon, et sans doute sa dague n'y suffirait-elle pas.

– Mon jeune garçon, dit Farsetti, je répugnerais à te blesser, mais si tu m'y contrains, je n'hésiterai pas, sois-en certain.

Il eut un mouvement avec sa lame, et Angelo n'eut plus de doute. Le geste du comte venait de lui confirmer ce qu'il devinait déjà. Ce petit balancement en position basse, destiné à feinter l'adversaire, et que le comte exécuta par réflexe, n'appartenait qu'à un homme.

– C'est ton père, Giacomo, qui m'a appris tout ce que je connais de l'escrime. Tu dois savoir, mieux que personne, ce que cela signifie.

En effet, Angelo comprit ce que le comte voulait lui laisser entendre : qu'il n'était pas un escrimeur de salon comme le marquis, que son père l'avait formé et que, par conséquent, une épée aussi exercée n'aurait aucun mal à se défaire d'une dague, si vigoureuse soit-elle. Il comprit aussi qu'en agissant de la sorte le comte voulait le protéger de la fureur de Grimani, qui, par vengeance, pourrait aussi bien l'occire sur place.

– Donne-moi cette dague, mon garçon, je te conduirai moi-même au chef de la police.

Grimani fit un pas en avant, visiblement contrarié. Il aurait préféré, de toute évidence, réserver un sort plus expéditif au jeune homme !

Angelo estima qu'il ne serait guère utile de se faire blesser par le comte ou, pire, de perdre la vie à cet instant. Il lança la dague en l'air, pour la rattraper par la lame, puis la tendit à son adversaire. Ce dernier baissa son arme, dans un geste de confiance.

Les domestiques, reprenant du courage tandis que la dague changeait de main, empoignèrent rudement Angelo par les bras, le décollant presque du sol.

– Grimani, je m'occupe de ce jeune homme, dit le comte en remettant son épée au fourreau.

– Très bien, répondit le marquis d'un ton forcé, mais dans ce cas, assurez-vous que cette racaille soit jetée aux Puits.

Une sombre irritation se lisait sur son visage.

Angelo chercha Emily, mais elle avait été entraînée par son père. Lorsqu'il traversa le salon, porté par les laquais, escorté par Farsetti, elle avait quitté la pièce.

CHAPITRE 10

– C'est bien, dit Angelo à l'intention des laquais, je peux marcher !

Comme les deux hommes du marquis ne faisaient pas mine de relâcher leur prise, le comte intervint :

– Laissez-le !

– Mais… bredouilla le premier, le marquis…

– Obéissez ! N'ayez crainte, il ne se sauvera pas.

Farsetti chercha dans les yeux d'Angelo la confirmation de ce qu'il avançait. Il avait déjà compris que le jeune garçon avait de l'honneur une haute opinion. Dès qu'il fut libre de ses mouvements, sous les regards inquiets de ses deux surveillants, Angelo se plaça près du comte.

– Redis-moi ton prénom, mon garçon.

– Je m'appelle Angelo. Et je crois que vous connaissez déjà mon père, Giacomo, le maître d'armes.

– En effet, dit Farsetti, une pointe d'agacement dans la voix. Je connais ton père, et je me demande bien comment tu as pu te commettre dans une aventure semblable.

Angelo ne répondit pas, le visage tourné vers le sol.

Ils traversèrent la piazza San Marco, encore peuplée, à cette heure tardive, de nombreux promeneurs grimés, aux habits fantasques. Le regard caché par des loups blancs ou noirs, les élégantes rivalisaient d'audace, parées de tenues étincelant de couleurs éclatantes. Longues robes aux allures félines, ensembles bigarrés aux accords parfaits, coiffures extravagantes, provocations autorisées, Venise ne cessait pas de surprendre. Bien que parvenant peu à peu à son terme, le carnaval n'en finissait pas d'exacerber les comportements les plus excessifs, et il n'était pas rare que les plus sages personnages se transforment, sous le couvert du masque, en de délurés fêtards, aux agissements douteux.

Angelo envia leur insouciance et regretta presque son sens de l'honneur, sans lequel peut-être aurait-il cherché à fuir. Puis ses pensées le conduisirent aussitôt vers son père, qui lui avait inculqué ce fameux sens de l'honneur. Giacomo Dallacasagrande avait érigé cette vertu en art de vivre, et Angelo sourit en songeant qu'il avait hérité de cette même conviction. Son jeune âge n'y changeait rien, il partagerait cette valeur toute son existence, et la défendrait au péril de sa vie.

Le comte Farsetti avait bien lu en lui, et s'il s'irritait à présent de la situation, c'était par déception, car il n'en ignorait pas la gravité. En effet, il respectait le maître d'armes, et d'avoir à conduire son fils en prison éveillait chez l'aristocrate des sentiments amers.

– Tu dois savoir, reprit-il, que Messer Grande dirige la police. Et qu'il n'a pas la réputation d'être clément.

Angelo frissonna. Il avait déjà entendu ce nom, qui était, à Venise, associé à la plus extrême sévérité. Encore étourdi par les événements, il prenait seulement la mesure de son état. La prison des Puits se trouvait dans les souterrains du palais ducal. Les cachots étaient quotidiennement inondés par l'eau de la mer, qui les transformait en un immonde cloaque. Certains des condamnés l'étaient à mort, mais par malheur, la plupart étaient condamnés à vie.

Ils pénétrèrent dans le palais des Doges, et le comte se dirigea sans hésiter vers un local situé dans l'enceinte intérieure. Il poussa la porte épaisse et entra dans le bureau de la police. Angelo et les deux laquais de Grimani le suivirent. Quatre archers étaient assis autour d'une table, et l'un d'eux se leva à l'arrivée du comte.

– Je suis le comte Farsetti. Je viens conduire ce jeune homme, qui s'est introduit dans le palais du marquis…

Le noble n'eut pas le temps de terminer sa phrase. Une porte s'ouvrit, puis le visage d'un homme de haute stature passa par l'ouverture.

– Venez, comte. Expliquez-moi donc cela.

– Messer Grande, dit Farsetti, vous ne vous reposez donc jamais ?

Le chef de la police attendit pour répondre que le noble, accompagné d'Angelo, pénètre dans son propre bureau. D'un geste, le comte intima aux deux domestiques l'ordre de l'attendre dehors.

– Comme vous le savez, le carnaval touche à sa fin, et je ne m'en plains pas, expliqua Messer Grande. Mais c'est maintenant que les débordements sont le plus à craindre.

L'endroit était austère. Un meuble en bois servant d'écritoire, une chaise et, contre le mur du fond, une couchette. Messer Grande se laissa tomber sur le seul siège de la pièce. On lisait la fatigue sur son visage, mais ses traits restaient durs.

– Je vous en prie, comte, reprenez où vous en étiez.

– Ce jeune homme s'appelle Angelo Dallacasagrande. C'est le fils de Giacomo, le maître d'armes.

Un mouvement de la tête de Messer Grande laissa penser qu'il connaissait le père d'Angelo. Farsetti poursuivit :

– Il s'est introduit cette nuit dans le palazzo Grimani de San Luca, où il a été capturé par les gens du marquis.

– Et quel était l'objet de cette visite nocturne, jeune homme ?

Une fois encore, Angelo choisit de se taire. Il refusait de citer le nom d'Emily, et d'ainsi la compromettre.

– Le vol, sans doute, dit alors Messer Grande d'un ton las. En ce moment, les demeures sont visitées les unes après les autres.

Angelo faillit réagir. Il lui était insupportable de passer pour un larron, pourtant, il ne dit mot.

– J'ai peine à croire, dit le comte, que le fils

de Giacomo Dallacasagrande soit un vulgaire malandrin. Je ne serais pas surpris que d'autres raisons aient motivé son intrusion nocturne.

– Cela est égal, dit Messer Grande en se levant. Je vais le faire conduire par un archer. Je l'interrogerai dans les prochaines semaines, si j'en ai le temps.

– Messer Grande, dit le comte, j'ai une faveur à vous demander.

– Je vous écoute.

– Il est entendu que ce garçon doit être écroué, sa faute étant avérée. Cependant, les Plombs[1] ne seraient-ils pas plus adaptés à son délit ?

Messer Grande sourit d'un air entendu.

– Vous voulez dire, plus adaptés que les Puits ?

– En effet. Et je n'ignore pas les grands frais qu'occasionne votre charge, Messer Grande.

1. La prison des Plombs était située sous les toits du palais ducal, les conditions de vie y étaient bien meilleures qu'aux Puits.

En disant cela, le comte tira une petite bourse de son manteau, qu'il déposa sur le meuble.

– Vous avez de la chance, comte, par ces temps de désordre, les Puits regorgent de prisonniers. Cependant qu'aux Plombs nous avons fait de la place ce matin même.

– Le bourreau, n'est-ce pas ?

– C'est la dure condition de notre office, et celle de tous ceux qui se soucient de justice.

Messer Grande prit la bourse, en écarta les cordons et en estima le contenu d'un rapide coup d'œil. Il ouvrit la porte et s'adressa aux archers :

– Vous deux, conduisez ce garçon aux Plombs. À l'instant !

Les laquais de Grimani échangèrent un regard, mais restèrent muets. Farsetti en profita pour glisser à l'oreille d'Angelo :

– Ne commets pas de folie, nourris-toi, et reste en vie.

Les deux archers s'emparèrent d'Angelo, puis l'entraînèrent dehors. Ils empruntèrent plusieurs escaliers, sombres et aux marches raides. Le dernier était à peine assez large pour laisser place à deux hommes de front. C'est ainsi qu'un garde dut se placer devant Angelo et l'autre derrière. Pris de la sorte en tenaille, Angelo ne pouvait qu'avancer. À l'issue de ces marches, ils s'engagèrent sur un pont fermé. En le traversant, Angelo put voir un coin de ciel étoilé, puis, par de minces ouvertures sur le côté, il devina la lagune et, au loin, les lumières de l'île San Giorgio. Il se trouvait sur le pont des Soupirs, reliant le palais ducal à la prison. Le jeune homme prit soin de conserver cette image dans sa mémoire, car il savait qu'il n'avait aucune chance de revoir la voûte céleste au-dessus de Venise avant longtemps.

Après le pont, ils suivirent une galerie, au bout de laquelle se trouvait une pièce. À l'intérieur se tenait le gardien des Plombs. L'homme, vêtu d'un habit brun malodorant, portait à la ceinture un énorme trousseau de clés. Il se leva à l'approche du groupe, et le précéda sans un mot le long d'une autre galerie, séparée de la première par une porte verrouillée. Ils gravirent ensuite les marches de deux petits escaliers, puis le geôlier, prenant une énorme clé, ouvrit une grosse porte doublée en fer, avec en son centre un trou rond fermé d'une grille aux barreaux croisés.

Angelo pénétra dans l'obscur cachot. La pièce était borgne, et seule la luminosité provenant d'une lointaine torche, dans le couloir, venait atténuer la noirceur inquiétante du lieu. Le jeune homme devait incliner la tête pour se tenir debout tant la pièce était basse. À tâtons, il put se faire une idée de ses dimensions. Elle formait un carré d'à peine trois pas de côté. Au fond, une espèce d'alcôve, dans laquelle une planche fixée à la pierre servait de lit. Le geôlier ferma la porte, puis s'éloigna, laissant Angelo seul.

À cause des toits en plomb – métal qui avait donné son nom à la prison –, la chaleur était étouffante, et Angelo dut s'accouder aux bords de la grille pour chercher un peu de fraîcheur.

Le couloir était vide, lorsqu'un mouvement attira son attention. Avec effroi, il distingua deux rats d'une taille épouvantable, qui vinrent se poster devant la porte de sa cellule, sans manifester aucune frayeur. Angelo recula, pris de dégoût, et tira le petit volet qui fermait le trou rond au milieu de la porte, par crainte de voir les ignobles animaux lui rendre visite durant le reste de la nuit.

Il s'assit sur la planche, et alors, il réalisa toute l'horreur de sa condition. La succession des événements de la nuit l'avait tenu dans une relative inconscience, mais à présent, seul dans ce cachot, il comprit que son avenir risquait d'être bien sombre. Il se trouvait à la prison des Plombs, là où Messer Grande lui-même avait décidé de sa détention. Lorsque le chef de la police vénitienne avait parlé de places libérées grâce au bourreau, Angelo avait bien saisi l'allusion. En effet, il n'était pas rare que des exécutions collectives soient ordonnées, et des jugements hâtifs prononcés. Le jeune homme frissonna. Son propre délit pouvait-il le mener à passer par les mains du bourreau ? Il l'ignorait, mais cette idée le plongea dans un profond désespoir. Il pensa à son père, qui l'avait élevé seul. Comme il allait le décevoir… et sa *nona*, elle en mourrait de chagrin, à n'en pas douter.

Il choisit de s'allonger sur la planche, mais la température extrême ainsi que ses sombres pensées l'empêchèrent de trouver le sommeil. Du reste, un autre inconvénient rendait son endormissement malaisé : le tic-tac de l'horloge de San Marco, incessant, égrenait les secondes sans fin, pas moins fort que si le mouvement avait été placé au-dessus de sa tête. Puis, toutes les heures, il devait endurer la sonnerie.

Ce n'est qu'au petit matin, épuisé, qu'Angelo sombra enfin dans une torpeur bienfaisante.

CHAPITRE 11

Angelo avait refermé la porte sur Mirko. Tiraillé entre le désir de lui venir en aide et la conviction qu'il était perdu, celui-ci savait qu'attendre encore ne ferait qu'augmenter le danger. Et qu'une fois pris avec lui, il ne lui serait plus d'aucun secours.

La mort dans l'âme, il rebroussa chemin. Une fois sur le balcon, il rejoignit la barque. Antonio, le voyant revenir seul, et ainsi essoufflé, ne put cacher son inquiétude :

– Que s'est-il passé ? Réponds, par le sang

de Dieu, où est Angelo ?

– Antonio, nous devons partir. Vite !

Avant que Mirko n'ait pu s'expliquer, le jeune peintre bouscula Giovanni du pied, l'arrachant à son sommeil.

– Vaunéant ! Comment peux-tu dormir alors que notre ami est en grand danger ?

Giovanni grogna quelques mots de protestation, puis s'assit en se prenant la tête.

– Que se passe-t-il ? Angelo est revenu ?

Antonio tourna son visage vers Mirko, attendant sa réponse.

– Il… il y a eu une difficulté.

– Une difficulté ! cria Antonio, au comble de l'irritation. Il s'est fait prendre, c'est cela ?

Mirko se contenta d'acquiescer, se laissant tomber près de Giovanni.

– Une difficulté ! répéta Antonio. Mais parle enfin, qu'est-il advenu de lui ?

– Nous devrions nous éloigner. J'ai bien peur qu'on ne puisse plus l'aider maintenant. Il faut aller parler à son père.

– Que veux-tu dire ? demanda Giovanni, soudain dégrisé par les paroles de Mirko. Il lui est arrivé malheur ?

– Lorsque je suis entré, il faisait face à plusieurs domestiques et à deux nobles.

– Ils étaient armés ? s'enquit Antonio.

– Le plus proche de lui tenait une épée, cependant qu'Angelo brandissait sa dague.

– Était-il blessé ? l'interrogea Giovanni à son tour.

– Non, et j'ose espérer qu'il aura eu la sagesse de se rendre.

Les trois jeunes hommes restèrent silencieux, jusqu'à ce qu'Antonio donne le signal du départ.

– Je crains que sagesse et Angelo ne soit la plus belle des antinomies, déclara le peintre. Partons à présent. Mais avant de parler à son père, il faut apprendre ce qui s'est passé après ton départ.

– Je l'ai abandonné, dit Mirko dans un souffle. C'est mon ami et je l'ai abandonné. J'aurais dû…

– Te faire prendre avec lui ? le coupa Antonio. Ou, pire, être blessé ? Il y a assez d'un écervelé dans cette bande, ne crois-tu pas ? Nous lui serons plus utiles libres que partageant sa cellule aux Puits.

– Aux Puits, tu penses ? dit Giovanni.

Antonio ne répondit pas, et entreprit de remonter le canal.

– Qu'allons-nous faire ? demanda Mirko tandis qu'ils s'éloignaient.

Toujours silencieux, le jeune peintre semblait observer les reflets de la nuit sur les eaux du canal pendant que l'embarcation glissait sans un bruit.

– Retrouvons-nous demain soir, dit-il enfin, chez Lucia. Et avant cela, restez muets. J'ignore comment pourrait réagir Giacomo, mais je redoute qu'Angelo n'ait fait qu'hériter son inclination à l'emportement.

Antonio, le plus âgé de la bande, était le seul à appeler le père d'Angelo par son prénom. Entre l'un et l'autre existait un respect mutuel.

Giacomo Dallacasagrande estimait le jeune peintre pour ce qu'il avait de raisonnable et celui-ci ne voulait pas donner de lui une image trop éloignée de ce jugement.

Chacun, l'esprit torturé, s'en alla rejoindre son logis. Mais aucun ne trouva vraiment le sommeil.

CHAPITRE 12

À la première heure, Antonio se rendit au palais de Joseph Smith. Il se sentait responsable de l'infortune dont Angelo était victime, et savait qu'il ne pourrait pas compter sur ses deux acolytes : Mirko devrait, bon gré mal gré, suivre son père à la pêche, et il n'avait que peu de confiance en Giovanni et son éternelle insouciance.

Durant la nuit, il avait cherché une solution pour aider Angelo. Pour l'heure, il devait savoir quel sort le marquis Grimani avait réservé à son ami. Il n'ignorait pas la réputation dont jouissait le jeune noble. Il passait pour un être superficiel, imbu de sa personne, se souciant peu de ceux dont la condition était inférieure à la sienne. Il était possible qu'il ait fait rosser celui qui s'était introduit chez lui, puis jeter dans le canal. Il était aussi imaginable qu'il l'ait passé par le fil de son épée. Angelo savait se battre, et sa dague était réputée, mais il aurait pu faiblir sous le nombre. Il pouvait encore avoir été conduit chez les archers, puis être mis en prison. C'était là ce qu'Antonio préférait penser, bien que finir aux Puits soit un sort peu enviable, mais au moins Angelo serait-il vivant, en tout cas pour un temps. Quant aux Plombs, le lieu était réservé aux prisonniers moins ordinaires, et il était conseillé d'y détenir quelques sequins pour s'y faire livrer de la nourriture acceptable.

Après avoir passé en revue ceux auxquels il pouvait s'adresser, Antonio avait vite conclu que l'homme d'affaires anglais était celui qui était le plus en mesure, s'il le voulait bien, de l'aider à trouver des renseignements. Du reste, il était le seul. Ses autres connaissances étaient des artistes, des gens du peuple, et les rares personnes de rang plus élevé qu'il avait approchées étaient des commanditaires d'œuvres de son père, à qui il n'oserait pas se confier.

Joseph Smith connaissait bien MacSwiney, le père d'Emily, et, la famille logeant au palazzo Grimani, Antonio espérait obtenir les informations qui lui faisaient défaut.

Il parvint devant le palais du banquier alors que le soleil dardait en oblique des rayons déjà brûlants. Antonio empoigna le heurtoir, le souleva d'un geste décidé, puis le reposa sans bruit. Que pourrait-il bien dire à Joseph Smith ? En arrivant, il était certain de savoir comment s'adresser à cet homme, mais à présent, devant sa demeure, il hésitait. En pensée, il revit la scène de la veille, lorsqu'il était venu présenter son tableau. Joseph Smith était un personnage important, qui avait accepté de le recevoir, de lui faire connaître son ami, qui allait sans doute parler de lui en Angleterre, en Irlande, et qui sait ? dans toute l'Europe ! Et lui, Antonio, allait lui demander son aide pour retrouver celui qui avait osé s'introduire chez le marquis Grimani, l'une des familles les plus anciennes de Venise, qui comptait pas moins de trois doges, pour y séduire la fille de son invité ? Il devait avoir perdu le sens pour imaginer que Smith lui ouvrirait sa porte sans le chasser, sans le blâmer. Car il était peu probable que l'identité d'Angelo ne soit pas révélée, et son lien avec Antonio mis au jour.

Un profond sentiment d'impuissance envahit le jeune peintre. Que n'était-il pas né fortuné, pour se moquer des convenances, des maudites castes qui séparaient, bien plus que par des lieues, ceux de son rang avec ceux du rang supérieur ! Plus que jamais, Antonio eut conscience de n'être qu'un homme du peuple, et venir se frotter aux gens que fréquentait un Joseph Smith ne pouvait qu'aggraver sa situation, et celle de son ami.

La mort dans l'âme, il se résolut à revenir sur ses pas. Le mieux était sans doute de prévenir le père d'Angelo. Il méritait de savoir ce qu'il était advenu de son fils, même si le maître d'armes ne manquerait pas de l'agonir de reproches, sans conteste mérités.

Mais il ne se décidait pas à se rendre directement chez Giacomo. Il voulait se laisser le temps de réfléchir encore un peu. Dans ces cas-là, il travaillait. C'était ce qui lui permettait de s'isoler du monde, d'en oublier les tourments.

En quelques foulées, il fut sur l'esplanade de l'église Santi Giovanni e Paolo. La lumière lui plaisait. En ces journées de mai, l'angle que formaient les rayons du soleil convenait à merveille à l'idée qu'il se faisait de son tableau. Un regard au balcon, où il pouvait voir la forme cubique de sa chambre noire, le convainquit : avant de prendre une quelconque décision, il irait tracer quelques traits sur un nouveau calque.

Il toqua doucement à la porte, en priant pour que la dame en rouge soit seule. Après une longue minute, un minuscule guichet s'ouvrit, à hauteur de ses yeux, à travers lequel il devina qu'on l'observait. La porte s'entrouvrit enfin, et aussitôt la femme s'évada en direction de la pièce principale, lui tournant le dos. Antonio restait interdit, sur le pas, ne sachant ce qu'il convenait de faire. La voix de son hôtesse le tira d'embarras :

– Entrez donc, jeune Canal, vous n'allez pas attendre que je vous tienne la main ?

Cette femme avait le don de l'intimider par une simple phrase. Sans qu'il sache au juste pourquoi, Antonio nourrissait à son égard une gêne qui confinait à l'indisposition. Il lui obéit, pénétrant dans le logement aux exhalaisons saturées de parfums. Il comptait se rendre directement sur le balcon, mais la dame se retourna, faisant obstacle de son corps.

– Vous avez de la chance, mon office me contraint à me coucher tard, mais j'ai toujours eu le bon goût de dormir peu. Quant à vous, je crois que vous arrivez chaque jour plus tôt.

Elle était réellement très belle. Ses longs et épais cheveux noirs domestiqués en catogan dégageaient l'ovale du visage, que le peintre apprécia à sa juste mesure. Elle portait sans pudeur une robe de chambre en soie rouge et se tenait pieds nus. Ce détail, plus que tout autre, troubla Antonio, au point qu'il sentit la chaleur prendre possession de ses joues.

La dame en rouge eut la délicatesse de ne pas le remarquer. Elle lui releva la tête en tenant son menton, puis sourit, plus intriguée que divertie.

– Vous venez ici depuis quelques jours, Antonio, vous demeurez plusieurs heures sur mon balcon, et nous n'avons échangé rien de plus que de banales formules de politesse. Accepteriez-vous de prendre un chocolat avec moi ? Ce matin, je n'attends personne.

Les yeux d'Antonio s'égarèrent dans ceux de la belle dame, et il n'y lut que de la gentillesse, alors qu'il s'attendait à y voir de l'impertinence.

– Bien volontiers, madame.

– Je suis contente. Voulez-vous nous sortir deux bols, là, de ce buffet ?

Antonio disposa les deux récipients en verre sur la table ronde qui ornait la pièce. Puis il attendit, debout, qu'elle revienne.

– Comment l'aimez-vous ? demanda-t-elle depuis la cuisine. Très chaud ou tiède ?

– Je ne sais pas, madame, je ferai comme vous.

Antonio n'osa pas avouer qu'il n'avait jamais bu de chocolat. La boisson était à la mode dans les salons, mais n'était pas encore de mise chez les familles plus modestes.

La femme revint, portant à la main un pichet empli d'un liquide fumant. Elle sourit en apercevant le jeune peintre toujours debout.

– Antonio, je vous en prie, asseyez-vous. Je le préfère bouillant, et très fort.

Elle versa le liquide brun, de façon égale dans chaque bol. En silence, elle prit le sien à deux mains et commença à souffler doucement à la surface du chocolat, qui se plissait. Antonio l'imita, et la chaleur qui s'était transmise au verre le calma aussitôt. Les vapeurs aux senteurs puissantes l'étourdirent un peu à mesure qu'il soufflait, lui aussi. Puis il posa ses lèvres sur le bord du bol et aspira une première gorgée de chocolat. C'était amer, fort, brûlant. Et excessivement bon.

La dame en rouge l'observait. Elle s'amusait du plaisir que manifestait le jeune homme à découvrir la boisson exotique.

– Antonio, dit-elle, je ne vous connais pas beaucoup, mais, vous le savez, je connais les hommes. Vous êtes soucieux, je le devine. Et, corrigez-moi si je me trompe, je pense que vous n'êtes pas debout aussi tôt uniquement pour l'amour de l'art.

Antonio reposa le bol et détailla à son tour celle qui l'accueillait. Chaque allusion à son métier le mettait mal à l'aise, mais il comprit que c'était naturel pour elle d'en parler et qu'elle ne cherchait en aucune façon à le choquer.

– En effet, madame. Je ne pensais pas venir

ici ce matin. Je devais rendre une visite à quelqu'un, mais j'ai renoncé. Cependant, je ne voudrais pas vous importuner avec mes menus ennuis.

– La vie m'a appris qu'il n'existe pas de menus ennuis. N'existent que les tourments qu'ils causent, et ceux-là, grands ou petits, nous ennuient beaucoup. La vie m'a aussi appris que les peines s'allègent dès lors qu'on en partage le poids. Buvez donc votre chocolat, il va refroidir.

Antonio s'exécuta. Le cacao avait à peine tiédi, mais il devenait plus consommable. Il était épais et emplissait la bouche à chaque gorgée.

– Il s'agit d'un ami très cher, commença-t-il. Il a commis une folie, et je crains fort qu'il n'en paye aujourd'hui cruellement le prix.

– Qui est cet ami ?

– Il se nomme Angelo Dallacasagrande.

– Est-il parent avec Giacomo, le maître d'armes ?

Antonio sourcilla. Que cette dame connaisse Giacomo le troublait.

– En effet, c'est son père, mais…

– J'ai parfois entendu parler de lui, dit-elle, devinant l'embarras du jeune peintre. Je reçois quelques-uns de ses élèves, savez-vous ?

Antonio hocha la tête, à la fois rassuré et un peu confus de ses sentiments à l'égard de son hôtesse, qui le recevait avec tant de courtoisie.

– Et, reprit-elle, qu'est-il donc arrivé à votre ami ?

– Il s'est introduit, cette nuit, dans le palazzo Grimani de San Luca.

– Le palais du marquis ? Mais dans quel but ?

– Il était mû par l'amour. Il voulait y retrouver une demoiselle irlandaise qui y loge.

– Vous avez raison, dit-elle, c'est une folie. Le marquis Grimani n'est pas réputé pour sa magnanimité. Et que s'est-il produit ?

– Je ne le sais pas. Nous étions trois amis à l'accompagner, nous devions donc être tous plus déments les uns que les autres. L'un de nous, Mirko, l'a rejoint, au moment où il était acculé par plusieurs domestiques et deux nobles, dont l'un était armé d'une épée. Mirko a pu se sauver, mais nous ignorons ce qu'il est advenu d'Angelo.

– Et où deviez-vous vous rendre ce matin, Antonio ?

– Je voulais parler à Joseph Smith.

– Joseph Smith ? Mais pourquoi lui ?

– La demoiselle dont Angelo est amoureux est la fille d'un imprésario irlandais, Owen MacSwiney. C'est un grand ami de Mr Smith, et je pensais qu'il pourrait s'informer sur le sort de ce pauvre Angelo.

– Et pourquoi avoir renoncé ?

Antonio resta silencieux, ne sachant pas trop lui-même les raisons de sa retenue. La dame en rouge lui souffla la réponse :

– Vous ne vivez pas dans le même monde, n'est-ce pas ?

Il se contenta d'acquiescer d'un hochement de tête. D'une certaine manière, il était soulagé d'avoir pu parler de tout cela, mais de l'avoir évoquée rendait cette aventure encore plus réelle, et il se sentit une nouvelle fois accablé.

La dame en rouge vida son bol, puis s'essuya élégamment les lèvres dans une serviette en coton blanc, où elle traça deux traits couleur chocolat.

– Antonio, j'irai voir Joseph Smith. Vous l'aurez sans doute perçu, je rencontre des gens haut placés. Revenez après midi, j'espère pouvoir vous donner des nouvelles de votre ami.

Antonio se leva, il avait du mal à croire ce qu'il entendait. D'un geste instinctif, il prit la main de la dame, qu'il serra entre les deux siennes.

– Madame, vous…

– Laissons là les formules. Je pressens que le temps est compté. À présent, Antonio, je dois me préparer pour sortir.

CHAPITRE 13

À la pointe du jour, Angelo reçut la visite du geôlier. Il avait dormi à peine quelques heures. Le plomb des toitures était demeuré chaud toute la nuit et la cellule ressemblait à une étuve. Il avait transpiré dans son mauvais sommeil, et la température annonçait déjà la fournaise qui allait l'accompagner durant cette nouvelle journée.

L'homme fruste qu'il avait aperçu la veille entra dans le cachot avec deux archers. Ils apportaient, dans une cuvette, de l'eau pour la toilette.

L'un des gardes arrosa la cellule à l'aide d'un seau en bois, puis l'autre la balaya grossièrement. Le geôlier déposa sur le sol une cruche, un pain, ainsi qu'une écuelle contenant une bouillie encore fumante.

Ils sortirent sans avoir prononcé une parole. Angelo décida de suivre les recommandations du comte et il commença par se nourrir. Le brouet était infâme et il eut bien du mal à le terminer. Il s'y força pourtant, puis but à même la cruche de l'eau encore fraîche. Le pain était dur, au point qu'il dut le tremper dans l'eau pour l'attendrir un peu. Il songea avec nostalgie à Giuliana. À sa cuisine, mais surtout à sa présence, depuis qu'il était né, dans leur maison. Elle avait remplacé sa mère et tenu le rôle de grand-mère, mais aussi celui de confidente. Elle avait permis à Giacomo de supporter la cruelle absence de son épouse. L'image de la vieille femme dirigea ses pensées vers le maître d'armes. Certes, il lui arrivait parfois de découcher, mais il s'arrangeait toujours pour rassurer son père dès le lendemain. Un frisson le parcourut : il réalisa soudain que personne, mis à part le comte, ne savait où il se trouvait en ce moment. Il pourrait aussi bien mourir dans cette geôle, personne autour de lui ne le saurait. La conscience de son terrible état l'accabla davantage. Il se laissa tomber sur le banc en pierre où il avait tenté d'arracher quelques heures de sommeil à la nuit et, se prenant la tête à deux mains, pleura doucement.

La journée se déroula dans la solitude et l'extrême ennui. Seul le mécanisme de l'horloge venait troubler le silence et la sonnerie répétitive des heures lui indiquer que le temps passait.

Le soir arriva, il n'avait vu personne. Il pouvait deviner l'animation sur la piazza San Marco, où la veille encore il déambulait en toute liberté. Il imagina les belles coquettes, aux masques félins bigarrés, minauder devant les messieurs aux allures élégantes. Cette Venise qu'il aimait, où il avait grandi, était-il possible qu'il ne doive plus l'admirer que dans son souvenir ? Il se refusa à le croire, et se mit à espérer. Alors, il se souvint de ses amis. Mirko l'avait vu affronter les hommes du marquis, il savait qu'il était encore vivant. Antonio, lui, si raisonnable, saurait ce qu'il conviendrait de faire. Giovanni, son père était l'ami du sien, il lui parlerait. Son propre père, enfin, remuerait ciel et terre pour le retrouver. Il s'allongea avec cette pensée en tête : si Giacomo Dallacasagrande le cherchait, rien ne pourrait l'empêcher de le revoir, fût-il dans les bas-fonds de Venise.

Dès la fin de son repas, durant lequel il apparut bien soucieux à ses parents, Antonio s'en retourna chez la dame en rouge. Il n'avait cessé de penser à elle de toute la matinée. Et son image n'en finissait pas de le troubler. Sans nul doute, elle exerçait une vive attirance auprès des hommes, mais ce n'était pas uniquement son apparence physique qui l'émouvait à ce point. Son aisance, son sens de la conversation, et aussi ce qu'elle dégageait de bonté, composaient une personne énigmatique. Diablement séduisante, et empreinte d'un charme envoûtant. Aussi, bien que le sort d'Angelo soit pour lui de la plus haute importance, Antonio ne répugnait pas à devoir se rendre une fois de plus auprès d'une telle informatrice.

La porte s'écarta, comme au matin, et une nouvelle lumière envahit la pièce où se tenait la dame en rouge. Le peintre sentit aussitôt la différence, accoutumé qu'il était aux nuances de teintes. Le rideau de la porte-fenêtre donnant sur le balcon était tiré et conférait une lueur rosée à l'intérieur de l'appartement. La femme était cette fois habillée d'une robe à panier saumon pâle, rehaussée à la poitrine par un ruban d'un ton plus haut et par des engageantes[1] qui s'arrêtaient à mi-bras. Dès qu'il fut près d'elle, Antonio sentit un profond émoi, qu'elle feignit de ne pas voir.

1. Manchettes de femme, en lingerie ou dentelle, en usage notamment aux XVIIe et XVIIIe siècles, qu'on portait par-dessus les manches de la robe.

– Antonio, j'ignore si vous allez vous réjouir des nouvelles que j'ai pour vous.

– Comment va-t-il ? Il est… vivant, n'est-ce pas ?

– Oui, rassurez-vous, il est vivant. Votre ami, dans son infortune, a eu bien de la chance malgré tout. Il a été pris par les hommes du marquis, qui a d'ordinaire des manières plus expéditives lorsqu'il s'agit de corriger un homme du peuple, et d'autant plus un visiteur imprévu.

– Et à quoi est due cette mansuétude ?

– À la présence du comte Farsetti, son grand ami, qui se trouvait là, invité par le marquis pour la petite réception organisée en l'honneur d'Owen MacSwiney, de son épouse et de sa fille, Emily. Cet homme est compréhensif, il est d'une autre noblesse que Grimani. Il a convaincu le marquis de le laisser conduire lui-même Angelo auprès de Messer Grande.

– Il est donc aux Puits, je le redoutais, dit Antonio.

– La charité du comte et une bourse emplie de sequins ont permis qu'il soit enfermé aux Plombs.

– Aux Plombs, grâce soit louée ! Cependant, vous avez raison, je ne sais pas si je dois m'en réjouir ou le déplorer. Enfin, au moins sera-t-il traité avec un peu d'humanité.

– Mais il risque d'y rester bien longtemps avant que le tribunal ne prenne une décision. Et, comme vous le savez sans doute, il ne peut recevoir aucune visite ni avoir aucun contact d'aucune sorte avec l'extérieur.

– Mais alors, que pouvons-nous faire ?

– J'ai bien peur que mon rôle ne cesse là. J'ai une certaine faculté pour faire parler les hommes, mais je n'ai pas le pouvoir d'influencer leurs décisions.

D'un geste subit, Antonio prit la main de son hôtesse et la baisa.

– Je ne sais comment vous remercier, madame, pour votre aide.

– Antonio, je vous en prie, dit-elle en libérant

sa main de celles du jeune peintre, ne commettez pas la folie de vous éprendre de moi.

– Madame, je vous respecte trop pour…

– Allons, je sais bien de quoi il est question. Doutez-vous que je connaisse ce regard ?

Antonio ne répondit rien, mais garda les yeux au sol. Il prit congé de la belle dame, confus, ne sachant plus trop que penser des sentiments qui l'assaillaient.

Il se concentra sur ce qu'il venait d'apprendre : Angelo était bien vivant et avait pu échapper aux Puits, par la grâce du comte Farsetti. Être écroué aux Plombs n'était pas un sort enviable, mais dans sa situation, c'était peut-être ce qui pouvait lui arriver de moins douloureux.

Sa visite suivante devait être pour Giacomo. Antonio le savait, mais il différait cette échéance autant qu'il le pouvait. À présent, il lui fallait obéir à son devoir, il irait voir le père d'Angelo.

Il ne put éviter à un dernier regard de se perdre sur un certain balcon, où la tenture restait tirée. Ce détail le troubla, car il n'ignorait pas que la dame agissait ainsi lorsqu'elle recevait une visite galante. Or, c'était lui qu'elle avait attendu. Ou alors, quelqu'un était dans la chambre. Cette pensée enflamma ses sens et il s'efforça, plus que jamais, de n'y plus songer.

Lorsqu'il atteignit la maison des Dallacasagrande, il ralentit le pas. Les deux fenêtres de la salle d'armes étaient ouvertes, signalant qu'elle était occupée. Antonio s'approcha lentement, croyant voir le père d'Angelo donnant la leçon à quelque personnage important, qu'il faisait suer sang et eau. Pourtant, aucun des sons coutumiers à l'exercice ne lui parvinrent. Tout juste, en avançant encore, perçut-il le pas lent d'un homme. Il se pencha enfin par l'ouverture et découvrit le maître d'armes, seul, les deux mains croisées dans le dos, arpentant le parquet de son lieu de travail. À son expression soucieuse, Antonio devina aussitôt qu'il était inquiet. Il l'observa un instant tandis que Giacomo, perdu dans ses pensées, ne le voyait pas. Et bientôt, il ne douta plus : le père devait savoir que son fils avait des ennuis.

L'homme pivota et aperçut alors le jeune peintre. Il eut un mouvement de surprise, puis s'approcha de lui.

– Antonio, mon pauvre Antonio, je viens de recevoir une terrible nouvelle. Mon Angelo…

La voix se cassa soudain, et l'homme ne put poursuivre.

– Giacomo, je suis effondré. J'aurais voulu… j'aurais dû l'en empêcher. Je suis responsable.

– Comment, mais que dis-tu, Antonio ? Angelo est…

– Aux Plombs, je le sais. Mais vous, Giacomo, comment l'avez-vous su ? Je venais vous l'apprendre.

– Le comte Farsetti sort d'ici.

– Le comte Farsetti ? Vous le connaissez ?

– C'est l'un de mes anciens élèves. Il m'a narré toute l'histoire, excepté les motifs qui ont poussé ce jeune fou à… Mais toi, comment se fait-il que tu sois au courant ? Et que signifient tes paroles ? De quoi aurais-tu dû l'empêcher ?

– Je vous le répète, Giacomo, je suis effondré. Je connais toute l'aventure parce que… parce que j'étais avec lui.

– Avec lui ! Mais… attends, entre, ne parlons pas de cela dans la rue, à travers cette fenêtre.

Antonio pénétra dans la maison, qu'il connaissait bien pour y être venu de nombreuses fois voir son ami et deviser avec son père. Aujourd'hui, il se sentait accablé par l'expression de Giacomo, qui de surprise devint soupçonneuse. Et ce regard-là, plus que toute autre chose, lui était douloureux. Dès qu'ils furent assis dans la cuisine, Giacomo enjoignit au jeune peintre de reprendre.

– Et Giuliana ? demanda Antonio.

– Elle est au marché, par fortune. Sinon, je crois bien qu'elle en serait morte. Mais poursuis, Antonio, qu'as-tu donc à voir avec ce malheur ?

Antonio conta au père meurtri comment s'était décidée l'expédition, et comment il n'avait pu venir à bout de l'entêtement du jeune amoureux. Il mentit par omission en ne dévoilant pas l'identité de celle qui lui avait donné les dernières nouvelles d'Angelo, se contentant de parler d'une vague connaissance, amie de Joseph Smith.

– Quelle folie ! dit Giacomo, se dressant d'un bond. Quelle folie ! Pour les yeux d'une belle ! Il n'aura donc jamais de cesse ! Et le voilà aux Plombs !

Antonio gardait la tête basse, incapable de soutenir le regard du maître d'armes.

– Bon, Antonio, je dois le sortir de là. J'irai voir Messer Grande, je lui expliquerai qu'il ne s'est agi que d'une bravade de jeune fou amoureux. Après tout, le carnaval provoque de telles effusions.

– Pourtant, Giacomo, il s'est introduit de nuit dans le palais.

– Tu as raison, c'est là une faute grave. Le tribunal sera sans pitié. C'est pourquoi il faut agir avant son procès.

– Pensez-vous pouvoir convaincre Messer Grande de le libérer ?

Giacomo réfléchit longuement. Il se rassit et se prit la tête entre les mains.

– Je crains que non, dit-il enfin. Je ne le connais pas en personne, et sa réputation est telle que j'ai bien peu de chances de réussir. À vrai dire, je redoute même que ma requête n'aggrave sa situation.

– Savez-vous s'il est bien soigné ?

– Le comte m'a dit qu'il avait donné au chef de la police une bourse de sequins. Bien entendu, j'ai proposé de le rembourser, mais il a refusé. Je pense qu'il sera nourri chaque jour.

– Giacomo, dit Antonio en se levant, je me sens responsable de ce drame. J'ignore encore comment, mais je vous fais ici le serment de sortir Angelo de ces geôles.

– Antonio, si tu y parviens, mon épée sera tienne à jamais.

Le maître d'armes se leva à son tour et posa la main sur l'épaule du jeune peintre.

– Mais si tu échoues, poursuivit-il, c'est cette même épée qui fera rendre gorge à ce maudit Grimani.

CHAPITRE 14

Antonio erra dans les ruelles, à la recherche d'une idée. Son serment auprès de Giacomo le liait à présent, et il n'était plus question de son propre avenir ou de sa réputation naissante. Après avoir tourné et retourné tous les arguments qui se présentaient à lui, il décida qu'il devrait en passer par une visite à Joseph Smith. En définitive, c'était bien le seul qui puisse approcher l'un des puissants de Venise, assez influent pour ordonner la remise en liberté d'Angelo.

Pourtant, ses pas le conduisirent à un tout autre endroit. Il était retourné devant le petit immeuble où logeait une certaine dame qui lui avait rougi le sang. Sans réfléchir, il franchit les marches qui le séparaient d'elle. La tenture sur la porte-fenêtre était encore tirée. Il ne pouvait pas savoir ce que cela signifiait, mais il n'était plus tout à fait en état d'ordonner ses pensées. Il heurta à la porte, et n'attendit pas longtemps avant que celle-ci ne s'ouvre.

– Antonio, dit l'hôtesse, sans cacher sa surprise, ne devions-nous pas en rester là ?

– Madame, je…

Il n'eut pas le temps de finir. Une silhouette se découpait sur le rose du rideau. La voix forte lui fut familière, cependant qu'il reconnaissait le personnage.

– Canaletto ! Entre donc, mon jeune ami, entre. Nous parlions justement de toi.

Il ne savait pas ce qui le troublait le plus : que Joseph Smith et la dame en rouge soient en conversation à son propos ou que le marchand l'ait appelé son « jeune ami ». Jusqu'alors, il n'avait jamais bénéficié d'une telle familiarité.

– Mr Smith, que voulez-vous dire ?

– J'ai appris, par MacSwiney, la mésaventure survenue à ce jeune Angelo. Dis-moi, il s'agit de ton assistant, celui qui t'accompagnait hier chez moi, n'est-ce pas ?

– C'est exact, dit Antonio en baissant les yeux. Mais je dois vous confesser qu'il n'est pas réellement mon assistant.

– Je m'en suis bien douté, figure-toi. Et je dois t'avouer que j'étais plutôt fâché lorsque j'ai compris qu'il était venu pour admirer une autre œuvre d'art que ton tableau.

Antonio rougit vivement, affligé.

– Mr Smith, je suis confus. Je n'aurais jamais dû abuser…

– Tu as la chance d'être apprécié par cette belle personne, ici présente.

Le jeune peintre rougit encore plus violemment.

– Elle m'a convaincu, poursuivit Smith, que

c'était bien l'amour qui avait guidé la conduite de ton ami, et l'amitié qui avait guidé la tienne. Or, nous le savons, l'amour est l'ennemi de la raison, et peut mener à des folies. Enfin, je ne t'en veux pas.

– Mr Smith, dit Antonio, je ne sais comment vous remercier.

– Par contre, ton ami Angelo est maintenant dans une situation plutôt délicate. J'ai entendu dire que le tribunal actuel n'avait rien de clément.

– Il faut absolument tirer Angelo de cette prison, dit Antonio. Il ne peut tout de même pas perdre la vie pour cette histoire stupide !

– Si tu songes à une évasion, tu peux sur-le-champ oublier cette idée. Personne ne s'est jamais échappé des Plombs et une expédition serait vouée à l'échec, sinon à la mort, sois-en certain.

– Mr Smith, dit Antonio avec déférence, je comptais me rendre chez vous, pour implorer votre concours.

En prononçant ces mots, Antonio réalisa qu'il faisait presque l'aveu de son choix, celui d'être venu ici d'abord. Il risqua un regard vers la dame en rouge, qui lui souriait.

– Et que veux-tu de moi, au juste, jeune Canaletto ?

– Je pensais que vous pourriez connaître quelque personnage puissant, et lui demander d'intercéder auprès de Messer Grande en faveur d'Angelo.

Joseph Smith resta silencieux quelques instants, semblant prendre sa voisine à témoin. Il amorça un pas en direction de la porte-fenêtre, puis se ravisa.

– En réalité, je ne connais personne qui oserait contrarier une décision du marquis Grimani.

– Dans ce cas, dit la femme, qui parlait pour la première fois, il faudra que ce soit Grimani lui-même.

– Qu'entendez-vous par là ? demanda Smith.

– Mon cher ami, nous devons aider ce malheureux. Il n'est en effet pas concevable que l'amour mène à la mort. Ce jeune garçon ne mérite pas le sort qui lui est promis s'il reste aux Plombs.

– Je vous l'accorde, dit Smith. Mais que suggérez-vous ?

– Je crois que vous devriez essayer de persuader le marquis de retirer sa plainte et de plaider la remise en liberté d'Angelo.

– Je ne connais pas Grimani. Je crois même que je ne lui ai pas adressé une seule fois la parole. Comment pourrais-je…

– Alors, dit la dame, demandez à votre ami, MacSwiney, de défendre la cause de ce jeune homme.

– Mais pourquoi Grimani l'écouterait-il ? Il a été offensé, et sous son propre toit !

– Je ne serais pas surprise d'apprendre que Grimani a invité votre ami pour, comme vous disiez tantôt, admirer une certaine œuvre d'art.

– Vous croyez que… Emily ?

La jeune femme acquiesça en silence, sous le regard stupéfait d'Antonio.

– Bon sang ! que tout cela est compliqué. En effet, si Grimani a des yeux pour Emily, il aura à cœur de flatter son père. Cependant, si MacSwiney découvre les intentions qui animaient Angelo, il est peu probable qu'il soit enclin à aider à sa libération.

– Il n'est peut-être pas utile qu'il en soit informé, suggéra la dame en rouge.

Smith sourit, l'œil goguenard, puis, prenant Antonio à témoin :

– Décidément, les femmes m'étonneront toujours. On les croit faibles et peu capables de discernement, or, elles se révèlent les plus habiles des intrigantes.

– Notre force réside en ce que vous nous croyez faibles, rendant ainsi nos intrigues plus aisées.

L'homme d'affaires partit d'un rire franc, qui emplit d'un seul coup l'espace confiné de la pièce.

– Soit, dit-il enfin, je vais m'entretenir avec Owen. Il doit précisément revenir chez moi tout à l'heure, afin de contempler encore ton merveilleux tableau, Antonio. Pourquoi ne viendrais-tu pas avec moi ? Je crois que mon ami t'a en grande estime, il pourrait être heureux de te rendre ce service.

Antonio s'inclina en signe d'assentiment. La proposition de Joseph Smith lui permettait de se retirer sans avoir à expliquer les raisons de sa visite à la dame en rouge.

Ils quittèrent le logis aux teintes rosées, Antonio n'ayant pas osé imiter le baisemain dont Smith avait honoré leur hôtesse. Il se contenta d'un salut révérencieux.

Ils marchaient lentement, la corpulence de l'Anglais ne lui autorisant pas une cadence élevée. Le plan semblait bon, et Antonio augurait bien des événements futurs. Une question, pourtant, l'assaillait, qu'il voulut partager avec l'homme du monde :

– Mr Smith, si vous le permettez, comment pourrais-je expliquer le geste d'Angelo, puisqu'il est exclu que j'en donne pour motif son amour pour Emily ?

– Antonio, les affaires m'ont appris qu'il fallait mentir le moins possible. Un mensonge en entraînant un autre, il est bien facile de perdre le fil de son boniment.

– Mais je ne peux tout de même pas avouer à votre ami qu'Angelo est épris de sa fille et qu'il comptait la rejoindre dans le palais de San Luca. Pas à un homme tel que Mr MacSwiney…

– Que signifient ces paroles ?

Joseph Smith s'arrêta et fit face à Antonio, malheureux d'avoir prononcé ces mots.

– Je… comment vous dire… je ne trouve pas que Mr MacSwiney soit d'un abord des plus amènes. Cela étant dit sans vous offenser, bien entendu.

– Tu n'as pas tort, dit Smith en riant, je lui répète souvent qu'il devrait apprendre à sourire. Mais détrompe-toi, c'est un amoureux de l'art et des artistes. Sous son abord peu accommodant, je te le concède, c'est un homme juste, et j'ai confiance en lui. Ne te laisse pas intimider par son regard, n'oublie pas que c'est un homme de théâtre.

– C'est entendu, Mr Smith, mais, à propos de ces mensonges…

– Oui, reprit Smith en se remettant en chemin, je veux dire que le meilleur moyen de ne pas émettre de mensonges, c'est de donner le moins possible de détails. Mettons-nous d'accord sur une version, veux-tu ?

– Bien sûr. Mr Smith, je sais que je vous demande beaucoup, et malgré l'envie qui me ronge de voir Angelo libre, je ne voudrais pas vous obliger à tromper votre hôte, et vous mettre dans l'embarras.

– Allons, Antonio, je ne suis pas homme à me laisser contraindre, tu peux m'en croire. Quant à tromper mon ami, je ne ferai rien d'autre que d'appliquer la méthode que je te conseille. Je ne lui mentirai pas en ne disant rien de compromettant. Voyons, MacSwiney, qui n'oublie jamais un visage, n'aura pas manqué de reconnaître le jeune homme qui était avec toi hier. Tu nous l'as présenté comme un assistant, ne lui dessillons pas les yeux. Tu peux expliquer qu'il n'est que depuis peu à ton service... Au fait, as-tu beaucoup d'assistants ?

– Je n'en ai aucun, monsieur. Mon père, lui, a deux apprentis.

– Parfait ! Disons alors que c'est l'un des apprentis de ton père, et que ce garçon, poussé par une bande de malandrins, s'est trouvé presque forcé à visiter le palais, pour y commettre quelque rapine. Qu'en penses-tu ?

– Je ne sais pas trop. Croyez-vous qu'il se laissera abuser ?

– Il aime les histoires, celle-là lui plaira. Il faut que l'acte ait été réalisé sous la contrainte, afin de ne pas donner de ton ami une image par trop détestable.

– Tout de même, se froissa Antonio, faire passer Angelo pour un voleur, lui qui a un sens de l'honneur si haut placé...

– Antonio, pour laver son honneur, encore

faut-il avoir un accès à l'eau. Entends-tu ce que je veux te dire ?

– Je vous entends, monsieur, vous avez raison.

Ils parvinrent au palais de Joseph Smith. Un laquais en livrée attendait devant la porte. Il en écarta les deux pans, se retirant ensuite pour laisser le passage au propriétaire et à son visiteur.

Dans la grande salle de réception, *La Piazza San Marco* d'Antonio Canal trônait contre une paroi. Elle avait été déplacée pour se trouver, pensa le peintre, face à l'éclairage du soleil, qui pénétrait par les fenêtres latérales. Dans cette position, en effet, les jeux d'ombre et de lumière donnaient toute la profondeur voulue à l'œuvre.

– Voilà peut-être le meilleur argument pour convaincre Owen de défendre ton ami.

Joseph Smith achevait à peine sa phrase qu'un domestique annonça l'arrivée de Mr Owen MacSwiney et de sa fille.

CHAPITRE 15

Les deux hommes se saluèrent d'une accolade fraternelle, sous le regard d'Antonio. Lorsque MacSwiney s'approcha de lui, il pensa un instant qu'il allait l'étreindre aussi, mais il le dévisagea en silence. Sa fille le suivait, et se contenta d'un hochement de tête envers le peintre.

Joseph Smith les invita à s'installer tous les trois et fit apporter des boissons

– Aimeriez-vous goûter du chocolat ? demanda le collectionneur en anglais, puis en italien.

Celui qu'on se procure à Venise est vraiment excellent.

MacSwiney repoussa la proposition d'un revers de main, tandis que sa fille acceptait avec joie, imitée en cela par Antonio.

Emily portait avec élégance une voilette de tulle, qu'elle souleva pour découvrir son visage d'une blancheur d'albâtre. Elle détaillait Antonio avec curiosité, la tête légèrement penchée, le souvenir d'un sourire sur les lèvres.

Antonio, lui aussi, ne pouvait s'empêcher d'admirer les traits fins et doux de la jeune fille. S'étant lui-même laissé prendre au jeu de la passion, il devait bien reconnaître qu'Angelo avait eu des raisons de perdre le sens.

MacSwiney s'adressa à Smith, sur un ton sec, ce qui fit aussitôt baisser les yeux à la fois à Emily et à Antonio. Une teinte rosée apparut sur les joues de la jeune fille.

Le marchand s'entetint alors longuement avec son ami. Antonio ne manqua pas d'observer le jeu des expressions qui animèrent le visage d'Emily. Smith parlait en anglais mais le jeune peintre, bien qu'ignorant tout à fait cette langue, parvenait tout de même à saisir un mot ou un autre. Il devina ainsi, en entendant le nom d'Angelo, que le banquier défendait sa cause. Lorsqu'il eut achevé sa plaidoirie, MacSwiney resta un long moment silencieux. Il se leva, arpentant la pièce d'un air soucieux. Puis il se campa devant la vue de *La Piazza San Marco*. La vision du tableau détendit ses traits, auparavant austères.

Il se retourna enfin, et la transformation était évidente. Pourtant, il reprit aussitôt son masque d'intransigeance et débita une longue tirade à l'intention de Smith, dont Antonio ne comprit pas un mot. Mais, tant au ton de sa voix qu'à l'attitude de Joseph Smith, le jeune homme devina qu'il refusait la demande. Smith allait traduire ce que le peintre avait déjà saisi, lorsqu'une voix à peine audible se fit entendre.

Emily se tourna vers son père et, les yeux dans les siens, lui parla à son tour. Ensuite, elle baissa la tête, comme s'excusant d'avoir osé prendre la parole.

Antonio remarqua alors le changement qui se produisit dans l'attitude de MacSwiney. Jusqu'alors, à l'exception du moment où il s'était plongé dans la contemplation de son tableau, l'homme s'était employé à conserver un visage grave, une mine inflexible. Or, dès que sa fille l'interpella, une tendresse perceptible inonda ses traits. Rarement Antonio avait vu chez un père autant de sollicitude pour son enfant. Il était évident qu'Emily avait une véritable emprise affective sur Owen MacSwiney.

L'imprésario lui répondit avec douceur, mais on sentait qu'il était contrarié. Il sembla bien à Antonio qu'il cédait pourtant, lorsque la jeune fille lui adressa la parole :

– Monsieur Antonio, mon père aimerait savoir pourquoi vous tenez tant à sauver ce garçon, Angelo, de la prison.

Antonio n'en revenait pas. Emily lui avait parlé en italien ! Un italien hésitant, sans doute, empreint d'un délicieux accent, mais à la syntaxe parfaite.

– Vous… vous parlez italien ? demanda-t-il.

Emily eut un charmant sourire, mélange de modestie et de flatterie.

– Lorsque mon père a commencé à évoquer ce voyage à Venise, j'ai voulu apprendre votre langue. J'ai pris des leçons à Dublin, et j'ai pu les… pourchasser ?

– Poursuivre, corrigea Antonio.

– … les poursuivre sur le bateau, avec l'aide d'un officier très agréable.

MacSwiney intervint, à l'évidence agacé par la conversation, qui lui échappait tout à fait. Il s'adressa à Emily, qui traduisit pour Antonio :

– Mon père voudrait que vous répondiez à sa question concernant Angelo, s'il vous plaît.

Antonio songea que son ami aurait adoré la manière dont la jeune fille prononçait son prénom. Elle voulait lui donner une consonance italienne, et pour cela en exagérait la prononciation. Elle finissait le mot par une moue, arrondissant les lèvres, qui lui aurait écartelé les sens.

– C'est l'un des assistants de mon père. Vous savez, ce n'est pas un mauvais garçon, mais il a subi de mauvaises influences. Le tribunal de Venise pourrait bien le condamner à une très lourde peine, et assurément, il ne mérite pas un tel sort.

– Mon père, reprit Emily dans un fin sourire, se demande si le vol était bien la seule raison de la visite d'Angelo chez le marquis Grimani.

– Et selon vous, quelle autre raison pourrait en être le motif ? répondit Antonio, lui rendant son sourire.

Emily se tourna vers son père et lui traduisit ce qu'elle voulut bien du discours d'Antonio. MacSwiney hocha lentement la tête et repartit dans la contemplation du tableau. Antonio, cependant, échangea un regard de complicité avec Joseph Smith, qui paraissait s'amuser de la situation.

– Je crois qu'il va être d'accord, souffla Emily à Antonio.

En effet, lorsque MacSwiney revint auprès

d'eux, son visage trahissait son choix. Il l'annonça à Emily, qui s'empressa de le confirmer à Antonio :

– Il veut bien s'entretenir avec le marquis Grimani, mais il ignore si celui-ci consentira à accorder sa grâce à votre ami. Il est vrai que cet homme est dur, et Angelo l'a presque… ridiculisé. Mon père a raison de supposer que le marquis ne sera pas très favorable à cette décision.

– Je crois, mademoiselle, dit Antonio, que si vous appuyez sa demande, il n'aura pas l'indélicatesse de la repousser.

Emily feignit la surprise. Et Antonio devina que la jeune fille, si elle affectait la candeur à la perfection, n'était pas dupe des intentions des uns et des autres.

– Bien, fit Joseph Smith, je constate que cette affaire prend une tournure favorable. Tu vois, Canaletto, tu as bien fait de t'adresser à ma belle amie à trois reprises aujourd'hui. L'obstination finit toujours par payer.

Le regard qu'Emily lui adressa n'échappa pas

au jeune peintre. Il évita de le lui rendre, ne sachant trop comment interpréter les paroles de Smith.

– Nous devrions être renseignés avant peu, reprit le banquier. Si Owen réussit, je pense qu'Angelo pourrait être libre bientôt.

– Ce serait merveilleux, dit Antonio. Mr Smith, voudriez-vous transmettre à Mr MacSwiney mes plus sincères remerciements, et l'assurer de mon plus profond dévouement.

Emily donna le signal du départ en se levant. Elle rabattit la voilette sur ses yeux et inclina lentement la tête à l'intention d'Antonio, puis de Joseph Smith.

Owen MacSwiney posa une main sur l'épaule d'Antonio et, pour la première fois, il lui sourit.

– Canaletto, dit-il, maestro Canaletto.

Ces quelques mots maladroits, plus que tout autre hommage, modifièrent d'un seul coup l'opinion qu'Antonio s'était forgée de l'homme.

– Attendez, dit Antonio, comment saurons-nous ce qu'a dit le marquis ?

– Tu as raison, dit Smith, reviens me voir demain, avant midi. Je vais demander à Owen qu'il me fasse savoir le résultat de sa requête.

Antonio s'échappa, cependant que Smith échangeait quelques dernières paroles avec ses invités.

Le soir, comme ils en étaient convenus, les trois compères d'Angelo se retrouvèrent à la *Ca' del Dose*. Antonio leur fit le récit de la capture de leur compagnon et de son incarcération aux Plombs. Il leur expliqua aussi sa rencontre avec MacSwiney, vanta la générosité de la dame en rouge, et fit part de l'espoir qu'il nourrissait de voir Angelo libre avant peu.

CHAPITRE 16

Le maigre repas du matin était déjà un lointain souvenir et Angelo commençait à se laisser gagner par le désespoir. L'idée d'avoir à rester pour longtemps en prison le terrifiait. Il n'imaginait pas devoir passer des années dans cet infâme réduit, où il ne pouvait même pas, suprême indignité, se tenir debout.

Il entamait sa troisième journée de captivité, et le manque de sommeil, la faim et le voisinage des rats avaient altéré sa détermination à rester optimiste. Plus que tout, l'isolement était terrible.

La visite des archers et du gardien, le matin, était la seule de la journée. Ils avaient pour consigne de ne pas parler au prisonnier, et il n'avait ainsi pas échangé la moindre parole avec âme qui vive.

Comme une roue macabre, l'horloge égrenait les secondes, les minutes, et sonnait les heures, pour lui signaler que les jours s'écoulaient, mais au-dehors. Son temps à lui s'était arrêté cette nuit où Messer Grande avait prononcé son emprisonnement. Depuis, l'espoir le quittait peu à peu. Les engrenages, qui semblaient s'endenter au-dessus de sa tête, avaient déclenché la sonnerie de quatorze heures depuis peu lorsque des pas résonnèrent dans le couloir. Angelo songea qu'un autre malheureux allait subir le même sort que le sien, et il pria pour qu'il soit enfermé avec lui. Au moins aurait-il un peu de compagnie, et l'occasion de parler. Il approcha de la porte, collant son visage à la grille qui clôturait le trou rond.

À sa grande surprise, il put apercevoir Messer Grande, suivi par le gardien. Aucun prisonnier ne les accompagnait. Le chef de la police attendit que le geôlier déverrouille la porte de son cachot, puis entra seul. Sa stature imposante le contraignait à courber le dos, désagrément qui ne semblait pas le déranger outre mesure.

– Angelo Dallacasagrande. Dis-moi, tu dois avoir des amis importants.

– Pourquoi cela, monsieur ?

– Le marquis Grimani m'a fait ce matin parvenir une missive, dans laquelle il déclare retirer tous les griefs qu'il pouvait avoir formulés envers toi. Comme la procédure est exceptionnelle – disons même qu'en ce qui me concerne elle est unique –, j'ai vérifié personnellement l'authenticité du message.

– Et donc ? demanda Angelo, au comble de l'étonnement.

– Dans cette même missive, le marquis me serait reconnaissant de bien vouloir te remettre en liberté. Bien entendu, cela est laissé à ma discrétion.

– Et alors ?

– J'ai beaucoup réfléchi. Ce qui explique qu'ayant reçu ce mot ce matin je ne vienne te voir qu'à présent. J'ai beaucoup réfléchi, car, vois-tu, il en va de l'intégrité de la justice de corriger les vauriens qui s'introduisent dans les palais. D'un autre côté, si le marquis retire sa plainte, c'est peut-être qu'il se sera trompé en t'accusant. Vais-je contredire la parole d'un marquis de Venise et commettre une erreur ? Ce serait faire injure à mon office. J'ai donc décidé de te libérer, sur-le-champ. Mais sois bien certain qu'une telle chance ne se reproduit jamais, et que si nous devions nous rencontrer à nouveau, je me souviendrai de toi. Suis-moi.

Angelo avait peine à croire ce qui lui arrivait, mais il ne demanda pas son reste. Il entendit le gardien fermer la cellule derrière lui, et plaça ses pas dans ceux de Messer Grande.

L'instant d'après, il retrouvait la piazza San Marco. Jamais il n'aurait cru être aussi heureux d'en fouler le pavage, de s'étourdir à contempler le ciel bleu, de s'enivrer des couleurs et du bruit de l'espace inondé d'un soleil puissant.

Il virevolta parmi les passants, qui regardaient en souriant ce jeune homme jouir à ce point de ce qu'eux-mêmes considéraient comme un dû.

– Angelo ! Je ne peux le croire ! Tu es libre !

La voix d'Antonio parvint jusqu'à Angelo. Il repéra son ami parmi la foule et courut se jeter dans ses bras.

– Antonio ! Mon ami, mon frère ! Je suis libre, en effet, mais j'ignore encore comment ce miracle a pu se produire.

– Il s'est produit grâce à la bonne fortune qui t'a donné des amis dignes de ce nom. En vérité, dit Antonio en observant son ami, tu devrais prendre un bain !

– Tu as raison, et je dois aller rassurer mon père. Tu me conteras en chemin comment ces excellents amis ont pu accomplir ce prodige.

Antonio achevait tout juste son récit quand ils atteignirent la maison des Dallacasagrande.

À dessein, le peintre n'avait pas voulu informer Giacomo de son espoir. Ainsi, lorsque le fils se campa devant le père, la surprise fut à son comble. Les deux hommes s'étreignirent un long moment, sans dire un mot. L'émotion leur avait ôté la parole, et ils ne pouvaient qu'échanger des regards éloquents, qui finirent par se mouiller un peu. Enfin, Giacomo se dirigea vers le jeune peintre.

– Antonio, c'est toi, n'est-ce pas ? Viens, entrons, tu vas me dire dans le détail comment tu es parvenu à faire libérer mon fils.

Bien plus tard, attablés autour d'un plat fumant de sole à la braise, Giacomo, Angelo et Antonio débouchèrent une deuxième bouteille de vin rouge. Heureux en diable, ils riaient à gorge déployée sous le regard maternel de Giuliana, qui ne savait rien de l'aventure, mais qui en devinait beaucoup.

À la fin du long repas, Angelo et Antonio décidèrent d'aller rassurer le reste de la bande en se rendant à l'auberge où ils avaient leurs habitudes. Giacomo aurait préféré garder son fils près de lui. Après la folie qu'il avait commise, il ne voyait pas d'un très bon œil qu'il sorte aussi tôt. Mais il n'ignorait pas que le jeune homme ne tenait pas en place et qu'il voulait éprouver sa toute nouvelle liberté.

– Angelo, je n'aime pas trop te savoir dehors trop tard. Je pense qu'après ce qui est arrivé tu ferais mieux de rester un peu au calme, crois-moi.

– Père, je vous sais gré du souci que vous avez pour moi, je serai prudent, je vous en donne ma parole.

– Alors, viens avec moi.

Giacomo se leva, suivi de son fils. Ils se rendirent dans la salle d'armes. Le maître des lieux ouvrit un placard, d'où il choisit une dague, ainsi qu'un fleuret de combat dans son fourreau.

– Tiens, je serai rassuré si tu es armé.

Angelo connaissait la confiance que son père accordait aux armes. Du reste, dans l'affrontement au palais, il avait perdu sa dague. La nouvelle prit la place de l'ancienne, et le fleuret vint s'accrocher à la ceinture du garçon. Lorsqu'ils revinrent vers Antonio, celui-ci sourit d'un air entendu à la vue de la lame.

– Antonio, dit Giacomo, laisse-moi te donner un fer aussi, on ne sait jamais.

– Non, maître Dallacasagrande, dit Antonio en riant, vous savez bien que la seule arme que je manie à peu près, c'est celle de l'art.

– Et tu la manies fort bien, dit Angelo. Allons, ne traînons point, sinon nos amis, s'ils sont bien là, se lasseront. Mon père, je vous promets de rentrer tôt. Ce soir en tout cas.

– Je t'attendrai, mon fils.

La *Ca' del Dose* était encore bondée, saturée de bruits et d'odeurs fortes. Pourtant, un seul cri retentit, transperçant le vacarme :

– Angelo !!!

La voix de Lucia vint se mêler à celles, exaltées, de Mirko et de Giovanni.

– Ce diable d'Antonio, avec sa belle au balcon, a donc eu raison des prisons de Venise ! dit Giovanni.

– La belle au balcon ! dit Angelo. Antonio, dans ton récit, tu as dissimulé ce passage !

– Comment ? dit Mirko. Il ne t'a pas parlé de sa… comment déjà ? ah oui ! de sa générosité ?

Angelo devança les protestations d'Antonio :

– Non, mes compagnons, ce soir, le héros, c'est bel et bien mon ami, que dis-je ? mon frère, Antonio. Je ne souffrirais pas que vous le brocardiez de la sorte. Si belle au balcon il y a, je serais mal avisé de lui reprocher d'y prêter garde. Lucia ! Apporte-nous donc du bon vin, et les beaux verres !

Lucia apporta du vin en bouteille et déposa les verres à pied devant chacun des convives, s'en réservant un.

– Cette bouteille est pour moi, dit-elle, et si vous le permettez, je la boirai avec vous.

Angelo l'empoigna par le cou, lui signifiant ainsi qu'elle n'avait aucune permission à demander.

– Mais dis-moi encore, reprit Angelo à l'intention d'Antonio, as-tu bien precisé qu'Emily avait intercédé en ma faveur ?

– Moi, je t'aurais dit chose semblable ? Je ne crois pas.

– Mais bien sûr qu'il l'a dit, intervint Giovanni, il a même parlé de *la belle* Emily.

– Angelo, dit Antonio, devenant subitement sérieux, oublie ce que j'ai pu raconter, et ne te monte pas les sangs, je t'en conjure.

– La belle Emily… répéta Angelo. Aurais-tu également succombé à ses charmes ? Dois-je te considérer comme un rival ?

– Je ne goûte pas cette plaisanterie, Angelo. Ce séjour aux Plombs ne t'aura-t-il pas suffi ?

– Voyons, Antonio, dit Angelo, ne prends pas ombrage de mes paroles, ce ne sont que de vulgaires bêtises.

– Des bêtises qui, je te le rappelle, dit encore Antonio, ont bien failli te coûter la vie.

– Tu as raison, Antonio Canal, dit Angelo,

buvons à ta santé, car sans toi, ce soir, je tiendrais compagnie aux rats du palais ducal.

– Aux rats ! dit Lucia avec un air d'effroi. Mais que dis-tu ?

– Des rats gros comme des chiens, ma douce Lucia. Je devais m'enfermer doublement dans ma cellule pour éviter leurs visites lorsque je parvenais à m'endormir.

– Quelle horreur ! s'écria la tenancière en se levant, ne pouvant s'empêcher de regarder à ses pieds. Je préfère retourner servir que d'écouter cela.

– Raconte-nous, dit Mirko, comment tu étais dans ta prison.

Angelo leur fit le récit de sa détention, sans en omettre le moindre détail.

À la fin de la soirée, il se souvint de la promesse faite à son père et salua ses amis.

– Je pars aussi, précisa Antonio d'un ton soutenu, toute cette histoire m'a mis bien en retard dans mes esquisses. Je veux retourner à mon balcon, et à lui seul, dès demain à l'aube.

Les ruelles étaient sombres, la lune s'étant éclipsée. Les deux jeunes hommes marchaient en devisant gaiement. Angelo se débarrassait du souvenir de ces trois jours passés en prison. Dans l'insouciance de sa jeunesse, il n'avait sans doute pas pris la pleine conscience de ce qu'il avait risqué lors de cette aventure. Pour lui, toute expérience ne valait que pour son contingent d'émotions fortes, et celle-ci n'en avait pas manqué. Au fond de lui, il conservait intacte son attirance pour Emily, et peut-être même son échec en avait-il exhaussé l'intensité.

– Antonio, à moi, tu peux le dire : que se passe-t-il au juste avec cette dame au balcon ?

– Comment ? Mais rien, te dis-je ! Pourquoi devrait-il… Enfin, te voilà bien, toi et tes idées romantiques, il suffit que je mentionne l'existence d'une personne du beau sexe pour que tu t'imagines aussitôt une intrigue amoureuse !

Ils marchèrent encore un peu en silence, puis Angelo poursuivit :

– Antonio, mon ami, ne te fâche pas. Cependant, je doute qu'en l'absence de sentiments en jeu tu sois si virulent. Ai-je tort ?

Cette fois, l'hésitation d'Antonio le trahit. Il soupira, puis reprit :

– Je ne sais que te dire, Angelo, cette dame en rouge… tu vois, je ne sais même pas son nom, n'est pas une femme pour moi, je le tiens pour certain, mais…

– Mais tu ne peux plus ôter son image de ton esprit, n'est-ce pas ?

– En effet. Elle n'est pas seulement d'une grande beauté, c'est aussi une personne douce, élégante, et… nos amis se moquent de moi, mais elle est vraiment d'une grande générosité. Tu sais, Angelo, sans son intervention, nous ne serions pas ensemble ce soir.

Tout à sa confession, Antonio ne remarqua pas le changement d'attitude chez son compagnon. Celui-ci était soudain devenu grave, et il porta la main au fourreau de sa lame.

– Antonio, des ombres, là, juste devant.

Les deux amis s'arrêtèrent. Ils sortaient d'une venelle qui débouchait sur une placette plongée dans une angoissante pénombre.

– Ce sont probablement des coupe-jarrets, dit Antonio. Ne lambinons pas.

– Antonio, ils sont plusieurs, et armés.

Cinq hommes, vêtus de noir, émergèrent de l'ombre. Chacun avait une épée à la main. Aucun ne prononça la moindre parole. Leurs visages, chacun caché sous un foulard, et leur démarche déterminée ne laissaient aucun doute sur leurs intentions.

CHAPITRE 17

L'un des assaillants vint se glisser à l'entrée de la venelle, derrière les deux amis, tandis que les autres se tenaient devant, leur interdisant toute fuite. Angelo tira son fleuret d'une main et empoigna la dague de l'autre. Ainsi paré, il leur fit face, se plaçant entre les hommes en noir et Antonio, démuni.

– Antonio, je vais me débarrasser de celui-ci d'abord, souffla-t-il en désignant l'homme devant la ruelle. Tu en profiteras pour te sauver.

– Et te laisser seul ? Pour qui me prends-tu ? Je pourrais t'être utile.

– Tu ne me seras utile en rien en te faisant tuer. Maintenant !

Le coup fut cinglant, exécuté avec une telle précision que l'homme ne comprit pas tout de suite ce qui lui arrivait. La dague s'approcha de sa tête, ce qui provoqua, par réflexe, une parade, la main levée au-dessus de son visage. Le garçon n'eut plus qu'à se fendre, et le fleuret vint percer le flanc gauche de son ennemi. L'attaque éclair d'Angelo sonna le départ de l'affrontement. Le premier adversaire était sérieusement touché, le coup d'Angelo l'ayant mis hors de combat. Il titubait, mais il ne lâcha pas son arme. Angelo se glissa derrière lui et, le saisissant au cou, l'écarta de l'entrée de la ruelle. Il comptait faire écran avec le corps blessé, mais ce dernier s'affala à ses pieds.

– Antonio ! Pars, c'est ta seule chance !

– Viens avec moi ! La voie est libre.

Angelo ne put répondre, il devait réagir à l'assaut de deux combattants, qui s'abattirent ensemble sur lui. Les deux autres restaient en retrait, et n'auraient pas tardé à se jeter sur Antonio si celui-ci n'avait, la mort dans l'âme, fini par disparaître dans l'étroit passage.

Le fleuret à la main droite, la dague à la gauche, Angelo s'évertuait à parer les coups, sans pouvoir encore en rendre tant les hommes le pressaient. Il n'était plus question pour lui de suivre Antonio. En admettant qu'il puisse atteindre la venelle, il était certain d'être rejoint par une épée. À leur manière d'attaquer à plusieurs contre un, il était évident que les assaillants ne se soumettaient à aucun code d'honneur, et ils n'auraient pas hésité à frapper dans le dos.

Dès qu'il devina que son ami était à couvert, Angelo se sentit libéré. Il s'immobilisa, se tenant droit devant ses deux adversaires. Ceux-ci l'imitèrent, surpris, se demandant où le garçon voulait en venir. Puis Angelo les gratifia d'une révérence un peu grotesque et se mit en garde, bien décidé à en découdre.

– Messieurs, je vous attends.

Les hommes comprirent qu'il se moquait d'eux et qu'il n'était nullement effrayé. Ils se lancèrent sur lui en même temps, furieux d'être ainsi brocardés. Angelo n'eut pas à parer, car il s'écarta au dernier moment d'un bond de chat. Les épées sifflèrent dans le vide, mais lui ne se résigna pas à frapper dans le dos. Il se contenta de botter avec force l'arrière-train de l'un des assaillants, prolongeant ainsi sa course contre le mur.

Il se retourna vivement, pour faire face à l'entrée en scène des derniers combattants, qui attendaient jusqu'alors, jugeant sans doute, mais à tort, qu'ils seraient assez de deux pour venir à bout du jeune homme.

Angelo recula, cédant du terrain. Malgré sa souplesse, il devait à présent se battre contre quatre mauvais sires, déterminés à le passer par le fil de leur épée. Les hommes avaient, à l'évidence, l'habitude des combats de rue. Leur technique était sommaire, mais efficace. Il en fallait cependant plus pour inquiéter le fils du plus prestigieux maître d'armes de Venise. Angelo virevoltait, et sa dague faisait merveille. Ses adversaires ne semblaient pas connaître cette pratique qui consiste à allier dague et fleuret, car, le plus souvent, ils oubliaient la courte lame, et semblaient surpris de la voir tenir tête à leurs longues épées.

Angelo parvint même à rejouer la botte qu'il avait utilisée contre le marquis, mais cette fois, il la mena à son terme. Le dague s'enfonça dans l'estomac de l'un des hommes, qui s'agenouilla aussitôt. Si le coup ne fut pas fatal, il mit un deuxième combattant hors de course.

Ils étaient encore trois. Les hommes masqués, voyant leur nombre se réduire, redoublèrent de vigueur. Angelo recula encore. Il allait se retrouver adossé à l'un des angles de la placette, et, il le savait, cette position lui serait défavorable. En effet, ses assaillants pourraient se déployer devant lui, alors que ses gestes seraient limités par les murs. Il profita d'une hésitation du côté de son fleuret pour tenter un coup. Détournant avec vigueur la lame de gauche à l'aide de la dague, il put amorcer une double feinte, à l'épaule et au corps, pour toucher au cou. La pointe du fleuret arracha un peu de peau, et du sang se mit à couler. Il avait visé la jugulaire, mais dut la manquer de peu, car l'hémorragie cessa peu après. Toutefois, la botte déstabilisa son adversaire, qui se retira du combat.

Malgré l'avantage pris sur ses ennemis, Angelo faiblissait. L'énergie folle qu'il avait dépensée pour se défaire des premiers combattants mais aussi ses journées de prison l'avaient épuisé, et il commençait à ressentir les effets de la fatigue. Les deux hommes durent s'en rendre compte. Ils suspendirent un instant leurs gestes, comme pour se concerter, puis déclenchèrent un assaut en même temps. Angelo ne put parer les deux coups, le fleuret étant plus léger que les épées et sa dague plus courte que les lames. L'une des pointes l'atteignit au bras, juste au-dessous de l'épaule. La douleur, fulgurante, lui fit lâcher la dague. Il ne pouvait pas se baisser pour la ramasser, il se serait alors retrouvé dans une position de faiblesse qui aurait confiné au suicide. Le sang noircit son justaucorps tandis qu'il tentait, avec la vigueur du désespoir, de parer à l'aide de son unique arme les coups répétés des deux fers. Une seconde charge fit mouche, cette fois à la cuisse, alors qu'il repoussait une attaque au cou. Il dut s'appuyer contre la pierre froide, et ne douta plus des intentions de ses adversaires : ils voulaient le tuer. S'ils avaient simplement voulu l'effrayer, ou lui donner une leçon, ils auraient cessé au premier sang. Là, au contraire, ils redoublèrent d'ardeur, sentant le jeune homme, après une défense plus qu'honorable, sur le point de céder.

Angelo tenta une dernière diversion. Il fouetta l'air de son fleuret devant le visage des deux hommes, les obligeant à reculer d'un pas. Il s'accroupit prestement et ramassa la dague. Il avait bien du mal à lever son bras blessé et n'eut pas le temps d'utiliser sa deuxième arme. Un coup astucieux l'atteignit à la main, réduisant son minuscule avantage à néant. La dague retrouva le pavé, ses forces l'abandonnaient peu à peu. Ses parades manquaient de précision alors que la perte de sang l'engourdissait.

Il ne parvenait plus à se défendre. Il aurait suffi d'un dernier assaut bien mené pour lui ôter la vie. Soudain, l'homme qu'il avait blessé au cou parla sèchement. Angelo ne comprit pas ses paroles. Ses deux assaillants se retirèrent, laissant place à celui qui avait parlé. Ce devait être le chef de l'expédition, il tenait sans doute à porter lui-même le coup de grâce. Angelo le regarda venir à lui. Il leva son fleuret, dans un ultime sursaut d'honneur, préférant mourir l'arme à la main que le fer à terre. Son regard croisa celui, glacial, de son bourreau. Il aurait voulu lui demander qui ils étaient, et pourquoi ils s'en prenaient à lui. Mais il n'en eut pas le temps.

Alors qu'il attendait le coup fatal, Angelo vit soudain les yeux de l'homme s'exorbiter. Il voulait atteindre le jeune homme au cœur, lorsqu'un fleuret, venu de nulle part, s'était enfoncé entre ses propres côtes. Le foulard qu'il portait au visage se macula aussitôt d'un sang épais tandis qu'il chancelait, et il s'écroula dans un râle.

Cependant, la bataille avait repris. Angelo avait à peine eu le temps de reconnaître son père que celui-ci avait déjà occis deux mercenaires.

– Père ! dit le jeune garcon en quittant sa retraite. Père, vous, enfin !

– Angelo, mon fils, reste à couvert.

La recommandation était inutile tant le garçon était affaibli. Le premier homme, celui qu'il avait blessé, était parti après son combat. Giacomo faisait face aux deux survivants et, comme son fils, était armé d'un fleuret et d'une dague. C'était un tourbillon. Seul contre deux, il multipliait les attaques, que ses adversaires avaient bien du mal à contrer. Il ne tarda pas à toucher l'un d'eux, sans toutefois le mettre hors de combat.

Devant une telle fougue, les deux hommes prirent le parti de sauver leur vie et s'enfuirent sans demander leur reste. N'eût été l'état inquiétant d'Angelo, Giacomo les aurait poursuivi pour leur montrer ce qu'il en coûtait de s'en prendre à son fils.

– Dites à votre maître que s'il ose encore une fois envoyer des hommes contre Angelo, je m'occuperai de son cas personnellement ! cria-t-il à l'encontre des fuyards.

En sentant les bras d'Antonio le soutenir, Angelo se laissa aller contre lui, soulagé. Il comprit enfin comment son père était arrivé, juste à temps, pour le sauver.

– Père, vous…

– Tais-toi, mon fils, nous allons te ramener à la maison, Giuliana te soignera.

Angelo perdit connaissance alors que son ami et Giacomo le portaient.

Quelques heures plus tard, il reprit ses esprits dans son lit. Son bras était douloureux, et il lui sembla que sa cuisse avait doublé de volume. Mais il était vivant, et chez lui. Giuliana lui releva la tête et le fit boire, doucement. La présence de la vieille femme lui donna envie de pleurer tant il avait cru ne jamais la revoir, non plus que son père ou sa chère Venise.

– Dors, mon garçon, dit Giuliana. Ce soir encore, tu as eu de la chance. Remercie le ciel. Et ton père !

La tisane calmante eut raison de ses dernières forces et il sombra dans un profond sommeil, transpirant en abondance à cause de la fièvre.

Il fit de méchants cauchemars. Chaque fois, Giuliana était là, et son père, dans l'ombre de la chambre, ne le quitta pas non plus.

CHAPITRE 18

C'est l'un des privilèges de la jeunesse que d'oublier vite ses blessures, à condition qu'elles ne soient que physiques. Moins d'une semaine après l'attaque dans la ruelle, Angelo pouvait de nouveau jouir de la totalité de ses moyens. Pour l'aider à retrouver souplesse et vigueur, Giacomo lui imposait une heure quotidienne de salle d'armes. Si les premières séances furent difficiles, peu à peu, Angelo put donner la réplique à son père.

Pour le maître d'armes, il ne faisait aucun

doute que les agresseurs de son fils étaient des sbires de Grimani. Il connaissait trop bien les pratiques de ce monde pour ignorer que le marquis avait dû sortir humilié de cette aventure et qu'il entendait sûrement corriger Angelo en lui faisant rendre gorge dans une humide venelle. C'était sa manière à lui de venger son honneur mis à mal par le jeune homme.

Giacomo craignait que le marquis ne s'en prenne une nouvelle fois à son fils, aussi redoublait-il d'efforts pour le former au combat réel, n'hésitant pas à s'entraîner avec lui avec des fleurets non mouchetés. Il savait qu'il ne serait pas toujours là pour lui venir en aide, et redoutait plus que tout de voir son fils unique perdre la vie, victime d'un art dans lequel lui-même excellait.

Même s'ils rendaient visite au jeune Dallacasagrande presque tous les jours, ses trois amis avaient chacun repris le cours de leurs occupations. Giovanni cédait aux injonctions de son père et passait de longues heures avec lui, à parfaire sa connaissance de la taille du marbre. Mirko partageait ses journées entre les matinées de pêche et l'entretien de ses frères, à qui il espérait offrir une vie meilleure que la sienne. Antonio, enfin, s'en était retourné sur son balcon. Pourtant, pour qui eût observé ce balcon, le peintre restait de longs moments à l'intérieur de l'appartement, à déguster des bols de chocolat tout en devisant avec une belle dame en rouge.

Le mois de mai parvenait à sa moitié, tandis que le carnaval s'épuisait et semblait devoir mourir de sa belle mort. Cependant, l'Ascension en proclamerait la fin véritable, lorsque le doge Sebastiano Mocenigo, sur le *Bucentaure*, célébrerait les noces de Venise et de la mer, en une cérémonie fastueuse et démesurée.

Ce fut par l'une de ces belles soirées de douceur printanière que les quatre compagnons se retrouvèrent réunis, presque par hasard, à l'auberge *Ca' del Dose*. L'un avait rencontré l'autre, qui s'était enquis du troisième, et ainsi de suite, tout à fait comme se lient les événements. Ils avaient choisi de partager un verre auprès de Lucia, après des journées d'absence. Bien entendu, la prochaine cérémonie était sur toutes les lèvres. C'était là une fête qu'il n'était pas question de manquer. Du reste, tout Venise serait ce jour-là sur l'eau. La manifestation aurait lieu le surlendemain, et il fut décidé d'emprunter la barque de Mirko pour s'y rendre.

L'évocation de l'embarcation rappela bien vite d'autres souvenirs, et tous les quatre tissèrent en paroles le fil de cette soirée dans le palazzo Grimani de San Luca et les rudes journées qui la suivirent. Si chacun alimentait le récit par ses commentaires, il en était un qui se taisait : Angelo arborait un regard nostalgique, qui bien vite déplut à Antonio. Le jeune peintre était investi de la protection de son jeune ami, mission que lui avait secrètement confiée Giacomo.

– Angelo, s'inquiéta Antonio, ne me dis pas que tu songes encore à cette damnée Irlandaise, pour les yeux de laquelle tu as bien failli finir tes jours dans les geôles ducales !

Angelo eut un sourire triste et ne répondit pas tout de suite. À la place, Mirko intervint :

– Je suis bien certain qu'elle est retournée dans son Irlande. Antonio a raison, mon ami, je t'ai toujours exhorté à vivre tes rêves, mais ceux-là sont devenus de méchants cauchemars.

– Soyez rassurés, mes frères, dit Angelo. Si mon regard s'égare, c'est vers cette fête merveilleuse qui nous attend. Emily restera un beau souvenir, que je ne manquerai pas de faire vivre chaque fois que j'aurai l'âme en peine.

– Pour ma part, dit Giovanni, j'ai trouvé que ton aventure était réellement romanesque, et je suis content de l'avoir vécue à tes côtés.

– Tu veux sans doute dire « par la pensée », ajouta Angelo, car j'étais bien seul, aux Plombs, n'eût été la présence de ces ignobles rats !

La soirée se termina à une heure fort avancée, les quatre compères tout à la joie de s'être retrouvés. Ils se donnèrent rendez-vous deux jours plus tard, pour la cérémonie, chez Mirko.

En ce jour de l'Ascension, le soleil avait lui aussi choisi d'être de la fête. Dès les premières lueurs, il annonçait que la journée allait être chaude, et l'on s'attendait à beaucoup transpirer sous les habits d'apparat.

Le *Bucentaure* était une sorte de galère très haute, sans mât ni voile. Le bâtiment, en bois sculpté et doré, était majestueux et manœuvrait avec lenteur dans les eaux du Grand Canal. La partie centrale était couverte d'un toit, sur lequel des tentures rouges venaient ajouter à l'éclat du navire. Sur ce toit, une autre partie était surélevée et inclinée. Le matin de ce jeudi, le doge Mocenigo y avait embarqué avec sa cour. Le *Bucentaure* était suivi de nombre d'élégantes gondoles, occupées par des personnages aux costumes magnifiques.

Giovanni était arrivé le premier. Mirko et lui, habitués aux réveils matinaux par les nécessités de leurs apprentissages, s'étaient retrouvés dans la demeure du pêcheur. Antonio vint ensuite, suivi de peu par Angelo. Leurs pères respectifs n'avaient fait aucune difficulté pour leur laisser la journée libre, la cérémonie des épousailles de Venise avec la mer étant un événement à ce point important qu'il prenait le pas sur toute autre occupation.

Dès qu'ils furent réunis, ils embarquèrent dans la barque de pêche et se rendirent, sous la conduite habile de Mirko, à l'embouchure du Grand Canal. Là, le spectacle était à couper le souffle. On ne voyait plus l'eau. La lagune était tout entière recouverte de galères, de péottes, de bissones[1], de barques, de gondoles, soudées

1. Barques de parade caractéristiques à la forme allongée, d'où quelques nobles placés à la proue et munis d'un arc tiraient des balles en terre cuite en direction des barques les plus indisciplinées.

bord à bord. Des ombrelles ouvertes s'agitaient, comme les éventails des femmes allongées sur des coussins. Les cris des gondoliers se mêlaient aux mélodies des musiciens.

La procession se dirigea vers le port du Lido, où le doge allait rencontrer le patriarche de Venise, qui bénirait l'anneau de noces.

Le *Bucentaure* glissait avec élégance au milieu des autres embarcations. Sur le pont, entièrement doré, se découpaient des loges, occupées par les puissants de Venise, la cour du doge. Tout ce que la Sérénissime comptait de noblesse était là. De chaque côté, près de la proue, d'autres gentilshommes et de belles dames costumées étaient moins bien installés, sur des ponts annexes, mais participaient néanmoins à la fête depuis le seul endroit où chacun rêvait d'être : sur le bâtiment or et rouge. Le drapeau aux couleurs de Venise flottait avec nonchalance et semblait désigner la figure de proue, le centaure monté sur un bœuf, qui avait donné son nom à la galère.

Mirko, qui connaissait bien la navigation dans les eaux étroites de la lagune, parvint à se faufiler afin de s'approcher au plus près du *Bucentaure*. Trois gondoles avançaient de front, entièrement dorées et ornées de figures exubérantes. Deux hommes aux habits chamarrés manœuvraient chacune d'elles, l'un à l'arrière, comme il sied aux conducteurs de gondoles, et l'autre au centre. Mirko dut les contourner pour enfin se retrouver sur le flanc gauche du bâtiment ducal.

La chaleur augmentait, degré par degré, et l'animation battait son plein. Des eaux du Grand Canal s'élevait un brouhaha indescriptible. Aux cris se mêlaient les chants, et la liesse gagnait sans remède l'ensemble des participants à cette fête populaire.

Le *Bucentaure* était tout près, et sa masse imposante cachait les quais aux quatre garçons, si bien qu'ils auraient pu se croire en pleine mer, n'eût été la foule bruyante et colorée qui les accompagnait. Ils naviguèrent un instant de concert, la houle provoquée par la galère berçant la modeste barque de pêcheur. Le mouvement cadencé des rameurs leur imposait de se tenir un peu éloignés du navire ducal.

Antonio la vit le premier. Il crut pendant quelques secondes que sa vue l'abusait. Mais les hommes qui l'escortaient lui étaient familiers. D'un geste qu'il voulut discret, il demanda à Mirko de s'éloigner. Il n'en fallut pas plus pour attirer l'attention des deux autres, et bientôt, chacun chercha la raison qui poussait Antonio à vouloir s'écarter du *Bucentaure*, dont ils avaient eu tant de mal à s'approcher.

– Antonio, dit enfin Angelo, regarde, n'est-ce pas Emily ?

– Par la Madone ! s'écria Antonio en se prenant la tête. Il a donc fallu que tu la voies !

– Où est-elle ? demanda Giovanni. Où est-elle, que je puisse moi aussi juger de sa beauté.

Avant qu'aucun ne réponde, Emily tourna la tête dans leur direction, peut-être alertée par la présence de cette barque qui sinuait de la sorte entre la foule compacte des embarcations. Et son regard croisa celui d'Angelo. Sans aucun doute, elle le reconnut. Son visage blanc, entièrement poudré, trahit une expression de surprise, tandis que, sur ses lèvres, un doux sourire naissait.

Il n'en fallut pas davantage pour retourner les sens du pauvre Angelo, qui n'avait pas encore commencé à guérir d'elle.

Giovanni devina qui elle était en prenant conscience de l'échange silencieux entre son ami et cette jeune fille installée sur l'un des ponts aménagés sur les flancs de la galère. Elle s'éventait lentement, et ne tarda pas à masquer son visage, ne laissant découverts que ses yeux, qui n'avaient pas quitté ceux du garçon.

– C'est elle, n'est-ce pas ? dit Giovanni avec joie. C'est elle, ne crois-tu pas, Mirko ?

Giovanni s'était levé, cependant que Mirko tentait de rester à la hauteur du *Bucentaure*. La galère n'allait pas tarder à augmenter son allure, se disposant à traverser le bras de mer qui devait la conduire sur l'île du Lido. Mais pour l'heure, elle se frayait un passage parmi sa nombreuse escorte.

– Je ne sais pas, dit Mirko, je ne la vois pas. Est-elle donc si belle ?

– Elle est magnifique ! cria Giovanni.

Angelo se mit lui aussi debout, sous le regard incrédule d'Antonio. Il avait une expression hallucinée sur le visage, qui alerta le jeune peintre.

– Angelo, je ne sais pas ce qui te passe par la tête, mais je t'en conjure, oublie cela à l'instant !

– Mirko, dit Angelo, qui était déjà ailleurs, Mirko, crois-tu que tu pourrais t'approcher de la galère par l'arrière ?

Déjà, le bâtiment pivotait pour se placer face au Lido. Mirko accompagna le mouvement, et parvint à se glisser dans l'étroit espace compris entre la dernière rame et la poupe. Un instant, la barque de pêcheur frotta contre la peinture rouge du *Bucentaure*.

– Angelo, non !

Le cri d'Antonio se perdit dans la rumeur qui jaillit de la foule lorsque le jeune homme, prenant appui sur le bord de la barque, bondit sur l'imposante galère.

CHAPITRE 19

De nombreux spectateurs avaient vu le geste inouï du garçon, et l'encourageaient en applaudissant et en sifflant. Angelo se trouvait juste sous le bastingage où étaient assis les notables, et à leur tête le marquis Grimani, Owen MacSwiney et sa fille Emily, aussi ne le voyaient-ils pas.

Le jeune homme poursuivit son ascension par l'arrière du bateau, s'aidant des moulures dorées. Cette position le masquait encore aux yeux des prestigieux passagers, mais souleva l'enthousiasme de la foule. Les nobles, sans comprendre, cherchaient ce qui pouvait provoquer un tel déferlement de gaieté.

Bientôt, il parvint au sommet du bâtiment, qui, relevé à l'arrière, se trouvait à près de six mètres de l'eau.

Pour jouir du spectacle, Mirko avait éloigné la barque. Les trois compagnons pouvaient ainsi suivre l'incroyable entreprise d'Angelo. Giovanni exultait, n'en croyant pas ses yeux, Mirko accompagnait ses cris de joie, tandis qu'Antonio lui-même ne pouvait pas s'empêcher de sourire, secouant la tête.

– Angelo, Angelo, dit-il, tu ne changeras donc jamais…

– Ce qu'à Dieu ne plaise ! dit Giovanni. Regarde-le, c'est un héros !

Une liesse croissante s'emparait de la lagune, au point que les passagers se levèrent, afin de voir ce qui la provoquait. L'excitation fut à son comble lorsque, se redressant, Angelo se mit debout. En équilibre précaire, les lents mouvements du navire l'obligèrent à se balancer au même rythme. Il avança, de sa démarche chaloupée, vers la longue hampe sur laquelle flottait le drapeau de Venise : le lion ailé sur fond pourpre. Pendant ce temps, les notables avaient compris qu'un événement inhabituel se produisait au-dessus de leurs têtes.

Dès qu'il put s'accrocher à la hampe, Angelo se sentit rassuré. En effet, depuis cet endroit, le toit de l'embarcation était à l'horizontale et un peu plat. Il s'approcha du bord, et ce fut l'instant où il revit Emily. Sa belle apparition se trouvait juste au-dessous de lui. Elle l'aperçut à son tour, et son visage s'illumina d'un immense sourire. Elle bougeait lentement la tête, d'un geste qui trahissait son incrédulité. Angelo tomba à genoux et lui tendit les bras.

– Emily, je vous aime !

Une clameur soudaine naquit dans les premières embarcations, puis le cri d'Angelo, relayé de barque en gondole, se propagea bientôt. Le sourire d'Emily, s'il était possible, s'élargit encore.

– Emily, je vous aime ! répéta Angelo, les bras toujours tendus vers sa belle.

Emily eut un mouvement vers ces mains qui l'invitaient, mais le marquis Grimani, excédé par l'insolence du garçon, s'interposa.

– Cette fois-ci, c'en est trop ! Je vais te montrer ce qu'il en coûte de provoquer un marquis de Venise !

Angelo recula, cependant que Grimani, n'écoutant que sa rage, entreprit de le rejoindre. Il était encore jeune, et sa pratique de l'escrime lui avait conservé une certaine souplesse. En s'aidant de la balustrade, puis des ornements du pont, il parvint à se retrouver face à Angelo. Le jeune homme n'en croyait pas ses yeux. Jamais il n'aurait pensé que le marquis fût capable d'un tel geste.

Si Angelo avait bénéficié des acclamations de joie de la foule, c'est sous les huées que Grimani fut accueilli. Les gens du peuple n'avaient que mépris pour ce grand de Venise et, dans l'affrontement qui allait suivre, ils connaissaient leur favori.

Grimani mit quelques instants à trouver son équilibre, alors qu'Angelo l'observait, une pointe d'amusement dans le regard. Dès qu'il eut acquis un semblant de stabilité, le marquis tira son épée.

– Tu vas regretter d'avoir croisé mon chemin, jeune imbécile !

– À défaut de pouvoir croiser le fer, j'en ai peur, dit Angelo.

Le garçon, en effet, n'avait pas suivi longtemps les recommandations de son père, et il était parti sans arme. Le marquis, à qui la chose n'avait pas échappé, souriait férocement, certain de son avantage. D'instinct, Angelo glissa une main dans son dos, mais la dague, qui ne le quittait guère, était elle aussi absente. Il avait, le matin même, redouté d'arriver trop tard chez Mirko, et avait négligé de s'en munir. Il faut dire qu'il n'avait pas prévu de devoir défendre sa vie ce jour-là !

Que le jeune homme soit désarmé n'arrêta pas Grimani. Du reste, dans le cas contraire, il aurait sans douté hésité avant de l'affronter. Il avança sur lui, l'épée prolongeant son bras tendu, dans une position de supériorité évidente. Au diapason, Angelo recula, tandis que les protestations des spectateurs redoublaient.

Le garçon aurait pu, sans difficulté, se jeter à l'eau, et éviter l'inégal combat. Mais agir ainsi devant Emily lui était impensable. Il laissa un regard s'égarer dans la direction de la jeune fille, qui l'observait, une expression de frayeur sur le visage. Non, c'était impossible, il ne fuirait pas.

Grimani esquissa une attaque, qui fit sursauter Angelo, prêt à l'esquiver. Le marquis s'amusait comme un chat avec une souris, augmentant son impopularité auprès des gens du peuple. Il souriait avec morgue, comme s'il avait pu tirer une quelconque gloire à tenir le garçon à sa merci.

La voix haut perchée de Giovanni traversa les protestations, enjoignant à son ami de sauter. Angelo commençait à se demander s'il n'aurait pas à se résoudre à une telle extrémité, déchiré entre la crainte du déshonneur et la stupidité d'avoir à perdre la vie dans ces conditions. Quand soudain, la providence, sous les traits de sa douce Emily, vint une nouvelle fois à son secours. La jeune Irlandaise se pencha vers un autre personnage de la suite ducale, le comte Farsetti, et échangea à la hâte quelques mots avec lui.

Le marquis paradait, s'inquiétant de vérifier qu'Emily ne perdait rien du spectacle. Lorsqu'il la vit en conversation avec le comte, son humeur se modifia, et il pensa abréger l'affrontement. Mais Farsetti ne lui en laissa pas le temps. Tirant à son tour son épée, il dit :

– Marquis, je vous sais homme d'honneur et je vous devine dans l'embarras d'avoir à combattre un adversaire désarmé. Permettez donc que j'y remédie.

Et, sans attendre de réponse, le comte lança son épée à Angelo, qui l'attrapa avec adresse par la garde.

Il semble que les armes ont sur les hommes un pouvoir particulier. Ainsi, dès qu'Angelo fut en possession de l'épée du comte Farsetti, il devint une autre personne. Le marquis également. L'avantage avait changé de camp, de même que la crainte du déshonneur. Car l'un et l'autre savaient parfaitement à qui revenait la supériorité en matière de combat à l'arme blanche.

Angelo fouetta la lame en signe de croix, à la fois pour signifier à Grimani qu'il était disposé à en découdre et pour tester le fer. Bien qu'il soit plus accoutumé à la pratique du fleuret, il s'exerçait assez souvent à l'épée, son père ayant à cœur qu'il connaisse le maniement des différentes armes de combat. Le comte avait une lame de Tolède, d'une facture irréprochable. La tenir en main faisait d'Angelo, redoutable bretteur, un dangereux adversaire. Grimani ne s'y trompa pas. Il ne savait plus quelle attitude adopter. Affronter Angelo signifiait la défaite, peut-être la mort, et reculer le conduirait à la honte ultime, celle d'avoir renoncé à défendre son honneur devant ses pairs, et devant Emily.

Il en était là de ses doutes, lorsque Angelo décida d'attaquer. Le *Bucentaure*, qui prenait les vagues de face, imprima un mouvement de tangage qui rendait la station debout malaisée. Bien campé sur ses jambes, le jeune homme choisit de contraindre le marquis à des parades difficiles. Il feinta deux fois, puis avança en visant le cœur. Grimani détourna le fer, tout en vacillant. Le coup suivant aurait dû faire mouche, le flanc gauche du marquis était offert. Jugeant la victoire sans panache, Angelo poursuivit son jeu. Il attendit que son adversaire se remette en garde et, sous les yeux amusés du comte, amorça le balancement de lame qui était la marque des Dallacasagrande. Comme prévu, Grimani s'affola et ne sut plus où se couvrir. Chaque mouvement déclenchait des hourras parmi les spectateurs et les commentaires fusaient dans la barque de pêcheurs.

– Angelo, cria Giovanni, botte-lui le train, à ce rat en perruque !

– Regardez-le, dit Mirko, c'est le prince de Venise ! Angelo, mon frère, tu es un prince !

– Il est trop sûr de lui, bon sang ! dit Antonio. Il pourrait bien se faire surprendre, à le ménager de la sorte.

– Antonio, dit Mirko, quand donc apprendras-tu à te réjouir ? Crois-tu que les femmes apprécient les pisse-froid ?

– Demande donc à ta dame en rouge, ajouta Giovanni.

– De… de quoi parlez-vous ? Et d'abord, qui vous autorise à me parler de la sorte ?

– Calme-toi, dit Mirko en riant, tu sais comme nous aimons te chariboter.

– Il n'empêche qu'il devrait se montrer un peu plus prudent.

Le combat se poursuivait à l'avantage d'Angelo, qui ne laissait aucun répit au marquis, et par là aucune possibilité d'amorcer des ripostes. Après le balancement, le jeune garçon enchaîna avec une attaque à l'épaule, que Grimani repoussa avec adresse. Le coup lui donna une confiance inattendue, et il s'enhardit à tenter une réponse au bras. Dans sa position, Angelo ne put parer avec sa lame, mais dut bondir en arrière alors que la pointe du fer de Grimani le frôlait. Le saut le déséquilibra, et il perdit l'équilibre, chutant face au marquis.

– Tu vois ! Tu vois ! cria Antonio. Je l'avais bien dit, il va se laisser surprendre !

– Ah, tais-toi donc, corbeau ! dit Mirko. C'est un coup chanceux, rien de plus.

Enhardi par son succès, le marquis avança sur Angelo et tenta de lui enfoncer sa lame dans le corps pendant qu'il était encore à terre. Angelo esquiva en roulant sur le côté, et la pointe du marquis rencontra le bois du pont. En un bond, le garçon fut debout, et entendait, cette fois, en finir. Il se rua sur Grimani, alternant les coups, pour obliger son adversaire à se défendre et à reculer à la fois. Il eut tôt fait de l'acculer contre la partie du pont surélevée et inclinée. Il aurait pu dix fois le toucher, mais voulait d'abord l'humilier en lui prouvant sa supériorité.

Le marquis, essoufflé, se tenait appuyé contre le bois et fixait sur Angelo des yeux exorbités. Il n'ignorait pas que le jeune homme tenait sa vie au bout de son épée.

– Nous y sommes, marquis, dit Angelo. Ici, point de sbires masqués dans une ruelle, juste vous et moi, lame contre lame.

Grimani ne répondit rien. Il conservait son épée devant lui, fragile et illusoire défense. Le fard avait coulé sur sa peau, et il ressemblait à un pitoyable pantin de carnaval.

Angelo allait porter le coup ultime, lorsqu'un cri arrêta son geste :

– Angelo, je vous en supplie, ne le tuez pas !

Il reconnut la voix d'Emily. La jeune fille s'était approchée autant qu'elle le pouvait de la scène de combat.

– Si vous m'aimez, Angelo, laissez-lui la vie.

La voix puissante de Mirko traversa alors le silence qui s'était fait sur la lagune :

– Emily, dites-lui maintenant ce qu'il veut entendre !

La belle Irlandaise n'eut pas à hésiter longtemps :

– Je vous aime aussi, Angelo.

Le jeune homme baissa son arme, le visage illuminé par une chaleur soudaine. Il recula d'un pas, fixa le marquis d'un air méprisant, et lui dit :

– Marquis, je suis homme d'honneur. Je vous laisse la vie sauve aujourd'hui, prenez garde de ne pas me défier à nouveau.

Il se baissa, dans une révérence un peu grotesque, puis, d'un mouvement foudroyant, il enfonça son épée dans le flanc du marquis, transperçant son habit.

La lame avait été plantée avec tant de précision qu'elle avait traversé le manteau sans même effleurer la peau. Sous la violence du coup, Grimani avait failli s'évanouir. L'épée resta fichée dans le bois rouge et or, tandis que le marquis avait laissé tomber la sienne.

– Je vous saurais gré de bien vouloir la rendre au comte, avec mes remerciements.

Angelo salua le comte Farsetti, lança un baiser à Emily, puis, prenant son élan, courut sur le pont et, d'un bond, se jeta dans l'eau.

ÉPILOGUE

La goélette qui ramenait Owen MacSwiney, son épouse et leur fille unique Emily en Irlande prit la mer le lendemain, en milieu de matinée. Le bâtiment était arrivé dans la nuit et avait amarré un peu au large du bassin, face au palais ducal. Ce départ n'avait aucun lien avec les événements du jour de l'Ascension et était organisé depuis longtemps. Pour être exact, depuis l'arrivée de la famille. Ils avaient prévu de vivre cette cérémonie, à l'invite de leur hôte, avant d'entamer leur voyage de retour.

Angelo n'en savait rien. Il apprit par la bouche d'Antonio, lui-même informé par la dame au balcon, le départ d'Emily. Pourtant, il n'en parut pas affecté outre mesure. L'aveu de sa belle l'avait plongé dans un état d'euphorie qui ne semblait pas devoir s'éteindre, et il accueillit la nouvelle de son absence avec une sérénité qui surprit chacun de ses amis.

Quelques jours plus tard, trois des compagnons se réunirent à la *Ca' del Dose*, partager un flacon de lacryma-christi avec Lucia. Seul manquait Antonio, qui avait promis de les retrouver plus tard. L'auberge, à cette heure, était encore peu fréquentée. La tenancière emplit quatre verres et prit place à la table des garçons. Elle arborait une expression soucieuse qu'ils ne lui connaissaient pas.

– Que se passe-t-il, Lucia, tu sembles à des lieues de nous ? dit Mirko.

– En réalité, répondit Lucia d'une voix chagrinée, celui qui devrait se trouver à des lieues d'ici, c'est notre Angelo.

– Que veux-tu dire ? demanda Giovanni.

– Vous savez qu'on parle beaucoup dans les auberges, et la mienne ne fait pas exception. J'ai entendu dire que les exploits de notre cher ange n'avaient pas été du goût de tous.

– Que sais-tu au juste ? dit Angelo, sortant enfin de sa torpeur.

– Tu dois bien imaginer que perturber de la sorte la cérémonie de l'Ascension, et défier sur le *Bucentaure* lui-même un marquis de Venise, est un acte punissable. On raconte que le doge en personne pourrait donner des ordres en ce sens.

Angelo se remémora sans difficulté ses journées passées aux Plombs et la remarque en forme de sentence de Messer Grande. S'il devait retomber entre ses griffes, nul doute que l'issue de l'aventure serait cette fois bien plus sombre.

Ils burent en silence, conscients de la menace qui pesait sur les épaules du jeune homme. Non content d'avoir perdu sa belle, il encourait à présent le risque de se retrouver poursuivi par les archers. À ce moment entra Antonio. Devant la mine sinistre de la tablée, il faillit en perdre son sourire radieux.

– Eh bien, dit-il, quel est donc l'objet de ce funèbre rassemblement ? De qui porte-t-on le deuil ?

– Assieds-toi, dit Angelo, et conte-nous plutôt les raisons de ta bonne humeur. Je crois que j'ai bien besoin de te savoir heureux.

– Devinez donc quelle est la raison de mon retard parmi vous.

– S'il s'agissait de ta belle dame, dit Giovanni, tu ne nous le demanderais pas !

– Par pitié, oubliez cette dame, comme je dois m'apprêter moi-même à m'éloigner d'elle.

La remarque aiguisa la curiosité de chacun, ainsi que celle de Lucia, qui avait déposé un verre devant le jeune peintre.

– T'éloigneras-tu d'elle au profit d'une autre ? demanda la tenancière.

– Je m'éloignerai d'elle au profit de la fière…

Il suspendit ses paroles, profitant de l'instant pour avaler une gorgée du vin capiteux.

– Vas-tu nous dire qui est cette fière personne qui a su te détourner de la dame de tes pensées ? dit Giovanni.

– Elle est fière, dit-on, mais ce n'est pas une personne, répondit Antonio.

– Oh, dit Lucia, épargne-nous tes énigmes, nous ne sommes pas d'humeur à les résoudre, avec ce qui pend au nez d'Angelo !

– Ah bon ? dit Antonio, soudain sérieux. Et que se passe-t-il ?

– J'ai trouvé ! dit Mirko gaiement. C'est la fière Albion, n'est-ce pas ?

Tous le regardèrent, médusés. Et surtout Antonio, qui aurait bien aimé faire durer le jeu.

– Oui, confirma le peintre, c'est la fière Albion. Figurez-vous que… mais non, dites-moi d'abord pour Angelo.

– En aucune façon, déclara Angelo, finis ton récit, le mien n'a que peu d'intérêt, je t'assure.

– Figurez-vous que Joseph Smith a demandé

à me voir. Je me suis rendu chez lui hier, et il m'a fait part de son projet. Il aimerait que je parte en Angleterre, où je serai reçu par certains de ses amis, afin d'y peindre leurs monuments et leurs paysages.

– Mais c'est merveilleux, dit Giovanni, Antonio, c'est bien le début de la gloire !

– Je ne sais pas, dit Antonio, mais je sais que Owen MacSwiney a été impressionné par mon travail, et qu'il entend m'introduire là-bas, auprès de marchands et de collectionneurs. Un bâtiment doit partir après-demain pour l'Espagne, puis pour la France, et de là, je me rendrai à Londres.

Tous le félicitèrent, et le plus chaleureux fut Angelo. Il avait toujours eu foi en son ami et se réjouissait de son succès. Mais le fin sourire qui naquit sur ses lèvres trahissait ses pensées.

– À présent, reprit Antonio, dis-moi, Angelo, quelle nouvelle infortune te frappe.

– Je crois, dit Angelo, que tu es venu m'apporter la seule nouvelle qui pouvait m'en délivrer.

– J'en suis bien aise, mais dis-moi comment.

– Je pense que tu vas avoir une nouvelle fois besoin d'un assistant, mon ami.

– Que veux-tu dire ?

– Je pars avec toi ! Si je reste, les archers ne tarderont pas à me faire payer le spectacle que j'ai donné sur le *Bucentaure*. Partir est mon salut, je t'accompagne !

– Oui, dit Antonio, et j'imagine que la visite de l'Irlande fera partie de ta rédemption, n'est-ce pas ?

Angelo ne répondit pas, mais son sourire s'élargit. Il embrassa son ami, le cœur gonflé d'espoir. Il savait que le vaste monde l'attendait, et qu'au bout de sa route Emily serait là.

Table des matières

Francisco Arcis

Je m'appelle Francisco Arcis. Je suis né en Espagne, un soir de novembre 1961. J'écris des histoires depuis plusieurs années. La plupart sont devenues des livres, des romans jeunesse. Il y a déjà quelques temps que j'avais envie de créer un personnage tel qu'Angelo, le héros du *Fils du maître d'armes*. C'est un jeune homme courageux, fougueux, et surtout un combattant presque invincible, un fleuret à la main. Le choix de l'époque a été motivé, pour moi, par l'observation des tableaux d'Antonio Canal, dit Canaletto, peintre de Venise au début du XVIIIᵉ siècle. C'est ainsi que j'ai eu l'idée d'en faire l'un des protagonistes de la série. Puis, j'ai de la sorte utilisé des personnages réels aux côtés de ceux que j'inventais. Joseph Smith, Owen MacSwiney, le marquis Grimani ou encore le comte Farsetti ont vraiment existé. Angelo, Emily, Mirko, Giovanni et la dame en rouge sont eux nés de mon imagination.

Du même auteur :

CHEZ D'AUTRES ÉDITEURS

Pris au piège, Magnard, 2004
Le Mystère du marronnier, Magnard, 2005
Les mauvaises nouvelles arrivent toujours le jeudi, Syros, 2005
Le Troisème Thé, Syros, 2005
La Balade d'Elvis, Seuil Jeunesse, 2008
S'en aller sans retour, Seuil Jeunesse, 2008

Buster Bone

Né dans une ruelle des bas-fonds de Londres, Buster Bone apprend à dessiner dès sa seconde année, en traçant des formes néo-réalistes dans la neige, à l'aide de bouts carbonisés d'allumettes que les passants refusent obstinément de lui acheter.

Remarqué par un marchand de tableaux fortuné qui lui fournit le matériel nécessaire à l'exercice de son art, il vogue vers les États-Unis d'Amérique en canoë-kayak pour y gribouiller dans un carnet de croquis de piètre qualité les ravages de la crise économique de 1929.

Prise dans une tempête apocalyptique, sa frêle embarcation fait face aux éléments déchaînés avec brio, mais voit sa course vers les lumières de New York déviée vers les tendres clapotis des canaux Vénitiens.

C'est en découvrant le manuscrit du *Fils du maître d'armes* enfoui dans une bouteille flottant au fil des eaux de la cité lacustre qu'il s'empresse d'illustrer cette saga flamboyante.

C'est par le même procédé humide mais étanche que nous sont parvenues ces délicates quadrichromies en noir et blanc, lovées au creux d'une bouteille de boisson gazeuse, voguant au gré des courants.

Vous avez aimé

LA BELLE IRLANDAISE.

Retrouvez la suite de la série

LE FILS DU MAÎTRE D'ARMES

La vengeance du marquis

(à paraître)

CPI

N° éditeur : 10151766 – Dépôt légal : mars 2009

Imprimé en France par Hérissey à Évreux - N° 110807